libretto

MARIE CHAIX

BARBARA

biographie

libretto

ISBN : 978-2-7529-0888-9

Assistante de Barbara de 1966 à 1970, et par ailleurs sœur de la chanteuse Anne Sylvestre, Marie Chaix a construit une œuvre littéraire tournant autour de la Mémoire. Elle a notamment publié *Les Lauriers du lac de Constance*, *Les Silences ou la Vie d'une femme*, *Juliette chemin des cerisiers*, *Barbara*, *Le Fils de Marthe* et *L'Été du sureau.*

1
Rencontre

Une mèche légère dans l'œil, qu'elle rejette en arrière d'un brusque lancer de tête, et alors son cou ployé est d'une incroyable blancheur, une petite tête aiguë cernée d'un médaillon de lumière crue et deux mains qui jaillissent du noir, s'envolant sur un cri, lèvres rouges pour pousser ce cri d'amour, et la voix qui le module, cent fois, mille fois répété… Si limpide la voix, ciselant les mots avec ce clinquant qui teinte ses éclats de rire, puis douce, câline ou violente pour parler d'amour… Femme au piano ce que l'homme serait au centaure… Cette image d'elle toujours ressurgit, légende de velours noir, quand apparaît le prénom « Barbara » ou que retentissent, si proches, son chant et sa musique qui nous poursuivent, dix ans après sa disparition soudaine.

Elle est entrée dans ma vie en 1964. J'avais vingt-deux ans. Je la connaissais peu, elle m'intimidait de loin. Je finis par me laisser entraîner à *L'Écluse* par mon amie Nadine Laïk, qui avait commencé à travailler avec elle lors d'un des derniers passages de Barbara dans son fief de la rive gauche. Je subis le choc de « Nantes » et le charme de l'étrange « Chanteuse de minuit ». J'achetai son premier album *Barbara chante Barbara.*

Or voici que quelques mois plus tard, par hasard et au grand jour, sur un trottoir de la rue Rémusat (j'habitais dans le même pâté de maisons), une dame, longue silhouette pâle et blanche de la tête aux pieds, le visage enturbanné de mousseline et de voiles qui la font ressembler à un Touareg de neige se riant d'un ouragan de grésil, une dame dont les yeux et les tempes disparaissent sous d'énormes lunettes noires, s'arrête à deux mètres de moi. Je reste pétrifiée. Elle pointe le bout de sa main gantée en direction de mes pieds. Sous sa moustiquaire, je l'ai aussitôt reconnue. Je me dis : elle est folle. J'entends sa voix claire et sonnante :

– Où avez-vous trouvé ces sandales ?

La brusquerie de la question me plonge dans une gêne indescriptible. Sur le point de dire : je ne les ai pas volées, je le jure et d'ailleurs nous n'avons pas la même pointure, je bafouille une réponse, évoquant Antibes ou Juan-les-Pins, bref un de ces endroits « sinistres » où ma peau s'est chocolatisée et où j'ai fait l'acquisition de ces sandales, d'un vert électrique j'en conviens, toutes en lanières, très jolies il est vrai, qui semblent tant l'intriguer.

Me regardant droit dans les yeux, elle dit :

– Vous avez un moment ? Venez donc chez moi ! J'ai une robe qui ira très bien avec vos sandales...

Elle me prend par le bras et nous faisons trois pas en silence. Puis nous nous arrêtons. Elle me regarde, de haut.

– C'est drôle, dit-elle, habiter si près l'une de l'autre... Je savais qu'on se retrouverait !

Et elle éclate de rire, ce rire merveilleux, insoupçonnable, contagieux comme seul un rire peut l'être. Et nous voilà, toutes les deux, complices pour la vie, nous esclaffant sur le trottoir de la rue Rémusat.

Une fois chez elle, elle se mit à vider ses placards pour m'offrir des sacs, des gants, des dessous en dentelle, des fanfreluches... Quant à la robe promise, du Pucci pour joueuse de bridge, tout ce qu'il me fallait ! Nous nous amusions comme des folles. Je repartis avec une rose et ces mots : nous nous reverrons !

Je reçus des places pour aller la voir à *Bobino* en septembre, ce passage en vedette resté dans les annales du music-hall, qui lui inspira plus tard « Ma plus belle histoire d'amour » et la consacra « star » enfin, à trente-cinq ans.

Et puis un jour de la fin de novembre 1965 arrive un coup de téléphone chez l'éditeur où j'avais trouvé mon premier job.

– Bonjour ! C'est Barbara, la chanteuse ! Je cherche une secrétaire. Voilà, c'est vous. Vous commencez demain !

Complètement ébahie, je balbutiai que je devais tout de même un mois de préavis à mon employeur...

– Ah bon ? Qu'est-ce que c'est que ça « préavis » ? Alors le 1er janvier !

J'eus la chance (et la témérité !) d'être l'assistante de Barbara pendant quatre ans, quatre années tourbillonnantes où le succès l'emportait sur ses ailes, où elle devenait avec passion, pour un public de plus en plus assidu et nombreux, celle qu'elle avait toujours voulu être, une femme qui chante, qui chante sa vie pour les autres, pour les aimer et être aimée, une femme de cœur, une artiste hors norme.

2

L'enfance

C'est l'automne. À moins que ce ne soit un printemps frais. Non plutôt l'automne. Ou même, plus logiquement, le début de l'hiver 1968. Mais qu'importe, avec elle, la logique ou la saison. Au hasard d'une tournée, nous roulons de ville en ville, bercées, perdues dans nos pensées, souvent sans même regarder derrière la vitre. Pierre le chauffeur, qu'elle appela vite Peter, conduit en silence la Mercedes gris métallisé. Soudain elle se redresse, crie presque : « Nous passons par Saint-Marcellin ? Le Saint-Marcellin de mon enfance ? Vous êtes sûr, Pierre ? Allons-y ! »

Pierre et moi ne faisons pas de commentaire ; c'est la première fois qu'elle nous fait ça… Nous ne connaissons rien des lieux de son enfance, de sa jeunesse. D'habitude, dans nos voyages, quand elle reconnaît le nom d'une ville sur un panneau, elle se cache les yeux d'une main et ce n'est pas le moment de remuer les souvenirs. Que lui passe-t-il par la tête aujourd'hui ?

Avant d'entrer dans la petite ville, elle s'est maquillée, œil noir, lèvres carmin, ses bracelets cliquetaient, elle s'est recoiffée. Ses joues étaient roses, elle prenait de profondes respirations. Elle a dit : « Arrêtons-nous là », avec une voix un peu mate et le ton sec, l'émotion peut-être.

Nous avons marché dans les rues, elle nous entraînait, muets et sur le qui-vive, d'un pas de chef d'armée.

Longeant des places, une église, des allées d'arbres et puis des rues de nouveau, on arriva enfin devant la maison qu'elle cherchait. Entourée d'un jardin dénudé et d'une clôture, elle semblait vide. Pas de roses, ce ne pouvait être l'automne. Elle ne dit rien et pleura derrière ses lunettes, perdue dans un grand mouchoir.

Nous sommes retournés à la voiture d'un pas plus lent. Elle se calmait. Quand le véhicule a pris de la vitesse, elle s'est endormie. Dans la main elle tenait son mouchoir serré en boule. Je ne me souviens plus où nous avons dormi ce soir-là ni où elle chantait le lendemain. Sans doute à Grenoble.

Cela aurait pu s'appeler un pèlerinage, un retour aux sources, un reportage ou un arrêt impromptu au bord d'une route. Cela devint une chanson, « Mon enfance », une de ses plus belles.

Les enfances deviennent parfois des livres ou des symphonies, mais finalement, elles pourraient se résumer à quelques couplets. Elle dit tout, cette chanson. Tout ce que elle, Barbara, qui se prénommait alors Monique, souhaitait livrer de cette période de sa vie. « Par hasard », elle s'est arrêtée à Saint-Marcellin, un des lieux de l'enfance où la famille avait séjourné au moment le plus dangereux de la guerre et de l'occupation allemande (entre 1943 et 1945). Un endroit où les enfants étaient rassemblés dans une vraie maison entourée de voisins bienveillants pour la plupart. Tout ce que dit la chanson, c'est l'infinie nostalgie d'un univers disparu.

Elle dit une maison sous les roses, un jardin, des rires d'enfants. Elle dit le nom des frères et de la sœur, Jean l'aîné, Régine et Claude, les petits. Elle dit qu'ils vivaient « comme hors-la-loi » et aimaient cela, car les enfants jouent naturellement le mystère, le danger. Les enfants juifs de la maison sous les roses jouaient comme les autres et s'ils se cachaient, peut-être croyaient-ils encore que c'était un jeu.

La chanson dit que, durant cette guerre, d'autres furent moins heureux, car ils n'avaient plus de maison, ni de rires ni rien, et ne sentaient plus l'odeur des « noix fraîches de septembre ni celle des mûres écrasées ». Elle dit la jeunesse de la mère, son rire mêlé au « parfum lourd des sauges rouges ». Elle est aussi pleine de « hélas » et commence par « J'ai eu tort... ».

Bien sûr qu'elle n'a pas eu tort et la chanson est poignante et familière, comme une *maison* que tout un chacun pourrait aller visiter en y réinventant ses propres souvenirs. Une porte s'est entrouverte ce jour-là à Saint-Marcellin, qu'elle n'a plus pu refermer. « Mon enfance », écrite et composée très vite, attendait derrière cette porte pour jaillir et annoncer d'autres lourds secrets.

Même si « les souvenirs d'enfance sont les pires » et que pire rime avec déchire, c'est chez eux que l'on va puiser comme à une source d'ombre enfouie loin au fond de nous, et où l'on trouve, la plupart du temps sans le vouloir, les bribes de couleurs, d'odeurs, les traces de musiques dont lentement, souvent par hasard mais aussi par urgence, on tissera les phrases, les chansons qui nous réconcilieront avec le passé.

Ce « passé qui importune », ou bien on l'étouffe en murant le puits, faisant taire les eaux profondes, et c'est une façon de mourir avec lui, ou bien l'on décide d'en renaître. Comme le fit Barbara, de la plus élégante, la plus subtile façon, « du bout des lèvres du bout du cœur ». Aussi m'a-t-il toujours paru presque discourtois de l'interroger sur sa vie. Elle-même disait dans une interview : « Ne me faites pas parler de la tristesse ou de la douleur. Un aveu chanté est rarement indécent, alors que les aveux parlés sont à réserver aux confesseurs et aux psychiatres. »

De sa vie elle a fait acte de création ; l'enfance, la jeunesse ont été transfigurées dans « une œuvre » exclusivement personnelle mais qui agit comme un miroir. Je vous offre mes émotions, mes douleurs, mes amours, je les habille des sons les plus déchirants, des mots les plus simples, je vous donne ma voix avec, et toute ma vigueur, je m'expose enfin, dans la nudité du sacrifice, pour qu'en « me » voyant, vous « vous » trouviez. Je suis votre reflet de lumière noire.

Quand elle chantait : « Je ne me souviens pas d'un passé qui m'importune », elle était sincère aussi, forte de ce don d'oubli des créateurs qui leur permet de tout réinventer. Un autre don miraculeux était celui de la voix. Par elle, les souvenirs « oubliés » ont rejailli. La chanteuse, grâce à sa musique, s'est à la fois redécouverte, « guérie » et offerte. Cette voix, on l'a habillée de tant d'adjectifs, magique, ondoyante, ensorcelante, pour tenter de décrire le charme qu'elle exerçait sur ses auditeurs fascinés. Sa voix. Une voix qui lui ressemblait. Haute, elle s'envolait mais toujours maîtrisait l'émotion qu'elle cassait d'un souffle ou d'un ton moqueur. Claire, serpentine, elle savait détacher les mots avec un clinquant que l'on retrouvait dans ses éclats de rire ou au bout du fil quand elle « allait bien », sonnante, belle, câline, irrésistible.

Avant « Mon enfance », Barbara affirmait ne pas avoir de souvenirs d'enfance, « le passé ne m'intéresse pas, vous n'avez pas d'autres questions ? » répondait-elle aux malheureux journalistes qui tentaient de l'affronter dans ses débuts. Après « Mon enfance », elle les renvoyait à la chanson avec un sourire angélique. « Je n'ai rien d'autre à dire. »

Les souvenirs, comme les photos, elle les avait déchirés. Elle tenterait de les recoller beaucoup plus tard et cela s'appellerait *Mémoires*[1]. Mais ils seraient interrompus, ces *Mémoires*, par la force des choses et du destin et resteraient à jamais troués d'ombres. Les photos, témoins de l'enfance innocente et chahutée ou de l'adolescence endolorie, elle les avait en horreur et si quelques-unes ont survécu à ses crises de furie destructrice, c'est grâce à la ruse des débusqueurs de corbeilles à papier ou au hasard des déménagements, et Dieu sait qu'il y en eut dans les années trente et quarante, non moins d'ailleurs que dans les années cinquante et soixante...

Bien avant que des biographes ne commencent à la poursuivre dans ses errances, avant qu'elle-même n'essaie de mettre un peu d'ordre dans ses souvenirs en lambeaux, elle lançait des pistes, des noms de villes, reconnues au hasard des routes, qui évoquaient des lueurs, des parfums, des images restées plantées dans un coin du cœur. Elle ne se préoccupait pas de retrouver la moindre cohérence dans les dates ni une réalité ou une exactitude qui ne l'auraient ramenée qu'à des blessures. Longtemps, elle préféra rester dans le flou de « l'autrefois » et ne glaner au fil des souvenirs ressurgis que les éclats biseautés, les palpitations, les trésors de ténèbres dont elle extirperait, sans même s'en apercevoir, ses chansons-confessions.

À présent on en sait un peu plus, on a une chronologie approximative, martelée de départs, de fuites, de bouleversements pour une famille juive qui, ne pouvant prendre racine nulle part, se disloque et se ressoude, et s'éparpille à nouveau, semblant traverser la France en zigzag.

Elle est née le 9 juin 1930 à deux pas du square des Batignolles, à Paris. En ce temps-là, elle s'appelle Monique,

1. Barbara, *Il était un piano noir... Mémoires interrompus*, Fayard, 1998.

sœur de Jean, de deux ans son aîné. Elle a une mère fine et jolie, Esther, et un père, Jacques Serf, d'origine alsacienne. Elle a une grand-mère russe qu'on appelle Granny, qu'elle adore et qui la « consolait de tout ». De la petite enfance, on ne sait rien que deux ou trois photos fatiguées qui lui avaient échappé et qui montrent une mignonne petite fille aux traits fins, à la bouille ronde, aux yeux de charbon noir brillant.

« Mes premiers souvenirs me ramènent à Marseille en 1937 », écrit-elle dans ses *Mémoires,* où elle galope sur les années. On ignore pourquoi Marseille, on peut toujours inventer que le père, dont on ne sait pas grand-chose sinon la prestance et la qualité de représentant de commerce, a senti un mauvais vent souffler sur la capitale.

Est-elle déjà « pianiste chantante », ce rôle qu'elle s'est attribué d'instinct dans un monde échafaudé pour fuir les adultes et leurs sordides problèmes ? Oui ; elle était précoce dans sa vocation et ses entêtements ! Il n'y avait pas de piano dans la famille, objet bien trop futile et puis on n'avait pas le sou, alors elle s'inventait des claviers le long des tables, des buffets, et tapotait sans trêve ses musiques en chantonnant. Seule Granny l'écoutait avec bienveillance.

C'est en 1938, à Roanne, que naît la petite sœur Régine. Une grande maison avec un grenier où l'on joue aussi à la couturière, à la modiste, en sortant des trésors oubliés d'une malle en cuir fleurant la naphtaline, crêpes violets, satins, vieilles dentelles noires... À Roanne, il fait froid et on est pauvres. Jacques ne doit pas faire de bonnes affaires... D'ailleurs, il faut quitter Roanne « en déménageant à la cloche de bois à bord d'une vieille Oldsmobile vert foncé ».

L'aventure zigzagante commence et elle continue après septembre 1939, hélas. La famille, qui est au Vésinet,

Dieu sait pourquoi, va devoir se diviser et fuir. Le père est mobilisé. La mère garde Régine, les deux aînés sont confiés à « Tante Jeanne », qui les héberge chez des amis à Poitiers et les inscrit dans une école. L'horreur des écoles est déjà là, des départements et de leurs chefs-lieux, des tables de multiplication, malgré l'odeur poétique – dans les souvenirs – de tabliers écrus, de la colle aux amandes, de l'encre violette...

Un jour d'hiver à Poitiers, surprise pour le frère et la sœur, dix et huit ans : mal fagotés, chaussettes en accordéon et traînant leurs galoches, ils sortent de classe un soir et aperçoivent le père soldat qui les attend devant la grille. Les enfants se précipitent. Il en attrape un sous chaque bras en riant. Odeur de l'uniforme, rugosité du tissu, larmes et baisers. Le bonheur, sans doute jamais retrouvé, d'un père à la sortie de l'école. Elle le supplie de rester. Comment comprendre « une permission » de deux heures ? Les adieux sont sanglotés, brutaux. « Il sort alors de sa poche quatorze sous avec lesquels, le cœur lourd, j'achèterai du Zan. »

La valse des villes de l'Hexagone continue : de Poitiers à Blois, où l'on rejoint la mère pour très peu de temps, il faut repartir et la laisser. « Par la fenêtre baissée, nous voyons ma mère agiter sa fine main gantée ; nous pleurons. »

L'autre train qui emporte Tante Jeanne et les deux aînés sera abandonné « au beau milieu de la plaine de Châtillon-sur-Indre ». De cette scène de vraie guerre au milieu de nulle part, avec avions de chasse, tirs de DCA, morts et blessés, elle se souviendra longuement dans ses *Mémoires*, épisode isolé, pièce égarée d'un immense puzzle.

À la « drôle de guerre » qui s'achevait dans la débandade succéderait la sinistre Occupation et ses dangers accrus. Toujours la fuite, les maisons quittées, les allées qui s'éloignent, les meubles disparus dans la tourmente. Mais d'abord, une escale à Tarbes, où le père, démobilisé en cet été 1940, bat le rappel de la famille qui s'installe, réunie pour un temps, dans une grande maison, rue des Carmes. Moment d'accalmie, d'apparente abondance au pied des Pyrénées, dans ce coin de France que les bottes de l'occupant n'ont pas encore foulé. On s'y sent à l'abri, on respire, on se sentirait presque une famille ordinaire... Le père passe des heures à taper le carton, il doit bien travailloter de temps en temps. Les deux grands vont à l'école. Jean y fait merveille, il sera docteur. Tant mieux pour lui, pense la pianiste chantante, qui se fiche pas mal des cahiers de notes et de l'histoire de France. Elle préfère organiser des spectacles avec déguisements et bouts de ficelle pour les gamins du voisinage.

C'est à Tarbes que naîtra le dernier enfant, le petit frère Claude, en mars 1942, juste avant que la famille, dénoncée mais prévenue *in extremis* par un bon cœur, s'enfuie en pleine nuit.

Tarbes, c'est aussi la ville où « un soir [...] mon univers bascule dans l'horreur. J'ai dix ans et demi », écrit, longtemps après, la gamine devenue femme.

Ici prend fin notre chronologie d'enfance. Rien, ni la joie, ni les rires, ni les jeux, ni même les peurs, rien ne sera jamais plus pareil.

Je me souviens que Barbara, dans ses tournées de province, refusait de s'arrêter à Tarbes.

3

La blessure

Elle seule devait avoir le droit de le révéler en dénonçant « l'humiliation faite à l'enfance ». Elle le fit, même si elle n'emploie pas le mot « inceste » dans les *Mémoires*. Saura-t-on d'ailleurs jamais l'étendue exacte de ce qu'elle a écrit ? Il peut aussi s'agir d'une pudeur extrême.

Si elle ne s'était pas absentée si brutalement, à un moment où elle avait si peu envie de quitter son jardin et ce monde, si elle ne nous avait pas laissés en face de confessions inachevées, de quelle façon aurait-elle répondu aux journalistes à la sortie du livre ? Peut-on l'imaginer ? Se serait-elle retranchée derrière ses volets clos ? Je ne crois pas. À soixante-sept ans, elle avait décidé de parler, en son nom, sans musique, sur des mots durs, sans costume de scène, en toute vérité. Autrement dit, avec la générosité qu'on lui connaissait, avec le courage et la détermination qui dictaient toutes ses prises de position, on peut penser qu'elle aurait défendu utilement la cause de ces « enfants humiliés » dont elle avait fait partie.

La blessure indélébile est pourtant restée secrète jusqu'à devenir un aveu posthume, des mots dans un livre. Jamais une chanson spécifique ayant trait à ce drame, seulement des allusions très voilées dans plusieurs chansons, si voilées qu'elles ne firent que renforcer le « mystère » qui vibrait comme un halo trouble autour d'elle et que tant de curieux auraient voulu percer. « Après » bien sûr, clés en main, il est facile de tout expliquer.

Remercions-la d'avoir été, jusqu'à la limite de sa vie, clairvoyante envers elle-même comme elle l'était envers les autres et d'avoir su trouver, au bout du chemin, les mots pour dire l'indicible. De nous avoir ainsi épargné les indiscrétions rapaces.

« Nantes » reste néanmoins une chanson d'amour... Même si, après les *Mémoires*, on a pu la décrypter comme un chant du pardon.

Le père, j'avais vu sa figure une fois sur une photo tombée d'un carton avant qu'elle ne la réduise en miettes, un soir de colère et de chagrin mêlés, comme elle en vivait dans les années soixante. Il m'avait semblé grand, corpulent, sombre. Irréel aussi, insaisissable. Ne connaissant de ce père que la chanson « Nantes » et les lynchages par album de famille interposé, je n'osais pas trop interroger Barbara sur des relations dont tout rappel semblait si douloureux. Je me contentais d'écouter ce qu'elle voulait bien raconter quand elle était de meilleure humeur.

Image de père, présence diffuse pesant sur sa vie et hantant ses nuits, il avait pourtant bel et bien existé et joué son rôle d'homme, d'époux, de chef de famille pendant des années cruciales. Qui était-il donc ce drôle d'homme qui allait et venait, partait pour longtemps, rentrait parfois avec beaucoup d'argent, des rires et des cadeaux plein les bras, ou disparaissait, seul ou avec toute sa tribu, juste avant que les huissiers ne défoncent la porte ? Au milieu des souvenirs éparpillés de ces années nomades, elle n'arrivait plus, parmi les « départs rapides », à faire la différence entre « menace de rafle, dénonciation par un voisin, ou déménagement à la cloche de bois »... Il s'agissait toujours de partir, et vite.

On ne savait trop quel métier lui attribuer. On lui en inventait quand arrivait le cauchemar d'une nouvelle école : « Que fait ton père ? », « Où est-il ? » Puisqu'il voyageait beaucoup, « représentant de commerce » ne semblait pas trop risqué, même si le commerce changeait souvent !

Au cours de ces années de tous les malheurs possibles, il faut tout de même reconnaître à ce père fantasque un mérite, c'est d'avoir eu l'instinct de fuite... Malgré ses bizarreries, son instabilité et peut-être ses mensonges, il a su sauver sa famille des camps de concentration. Qu'il n'y ait eu aucune arrestation tient du miracle ou à son flair de joueur expérimenté.

D'autres furent moins heureux je crois
Au temps joli de leur enfance
Nous vivions comme hors-la-loi
Et j'aimais cela quand j'y pense...

Oui, non consciente du danger encouru, elle a aimé ces voyages, elle a aimé jusqu'aux émotions, aux peurs liées aux voyages. Les enfants se racontent des histoires dans les pires circonstances. Mais une autre peur, d'une tout autre nature, s'est abattue sur « les printemps, les soleils, les folles années perdues », c'est la peur du père, dont le comportement est soudain devenu « bizarre ».

Il lui vole son innocence et elle se tait, selon le schéma cruel que l'on sait : « Les enfants se taisent parce qu'on refuse de les croire [...] parce qu'ils ont honte et qu'ils se sentent coupables. » Pourtant, la vie de la famille chamboulée continue.

Celle qui devient peu à peu une adolescente dépasse d'une tête les amies de sa classe au collège, déteste toujours autant les études et préfère fuguer, cueillir les mûres le long des sentiers et jouer à la chanteuse, « se donner en spectacle » dès qu'elle en a l'occasion chez les amis, si possible avec piano, où elle est accueillie.

Elle a quatorze ans quand une chose étrange arrive à sa main droite. « C'est d'abord une douleur, puis une légère perte de sensibilité. Dans la paume un petit noyau grossit. » On l'opère une première fois en urgence et six autres opérations suivront dans l'année 1944. La main est sauvée mais le petit doigt, dont le tendon a été sectionné, reste atrophié, replié vers la paume.

La mère lui annonce doucement que pour devenir pianiste… Déchirement dont elle tentera de guérir en faisant de la rééducation toute seule puis en décidant d'être chanteuse, un point c'est tout. Le piano ne l'a pourtant pas lâchée ni elle, sa vocation de musicienne hors pair, rébarbative au solfège mais si merveilleusement instinctive.

La guerre est finie. La famille se retrouve. Nouvelle escale, au Vésinet, à la pension de famille *Les Trois Marronniers*. Elle a quinze ans. Elle est longue et mince. Belle d'une beauté presque dérangeante, avec de longs cheveux bouclés, des yeux noirs brillants, une peau de lait. Elle aime déjà le noir. Que cela devait paraître indécent et provoquant alors de s'habiller en noir ! Elle-même s'est décrite comme « une tête d'oiseau posée sur une fleur géante et noire », mais elle dit aussi avoir souffert de la prétendue « beauté » démesurée, non reconnue comme telle, en tout cas par elle ! Ils sont mal vus, ils gênent, ceux et celles qui ne ressemblent à personne, ils sont « à part », comme tombés d'un moule perdu.

Elle eut beau dire et proclamer que le noir était une couleur comme une autre et qu'elle ne comprenait pas que sa façon de s'habiller intriguât tant les gens, on peut se demander pourquoi, quand et comment elle l'a choisie comme *sa* couleur, la seule capable de la vêtir, c'est-à-dire de la masquer et faire disparaître son corps sous des épaisseurs d'étoffes, sous des châles protecteurs.

Toutes ces saisons d'adolescence, fragiles et éprouvantes, sont dominées par la présence du père, même s'il est « souvent absent ». Peut-on imaginer la tension que cela doit représenter, la menace perpétuelle, les nuits d'angoisse ? La mère semble n'être d'aucun secours, elle n'entendrait pas de telles confidences. Elle a ses propres soucis, un mari qu'elle ne peut plus retenir, quatre enfants à lancer, sans ressources, dans la vie de l'après-guerre. Mais tout de même… Quelle solitude pour une gamine blessée !

D'ailleurs, comment « s'en sort-elle » l'adolescente en passe de se révolter ? Elle résiste aux avanies, avec une force déjà surprenante et une obstination à toute épreuve. Elle sait déjà où son chemin se trace et qu'elle ne se trompe pas.

Après l'opération de la main et son désespoir de ne plus pouvoir être pianiste, elle a obtenu de ses parents la promesse de lui faire donner des cours de chant. C'est elle qui découvre « par hasard » en marchant dans les rues du Vésinet une plaque de cuivre sur un immeuble : « Madeleine Thomas-Dusséqué – Professeur de chant ».

La jeune fille, déterminée, se présente un jour à la porte : « Madame, je veux chanter ! » Bien que le cours ne prenne pas d'élèves de moins de dix-huit ans, elle réussit à s'y faire admettre. Elle apprend avec acharnement et s'attache beaucoup à son professeur, « la première personne à me regarder et à m'écouter », écrira-t-elle. Elle apprend à connaître sa voix, à « respirer, à amplifier, élargir, tonifier, poser ».

Devenue la protégée de Mme Dusséqué, la chanteuse en herbe sera présentée moins d'un an plus tard à maître Paulet qui enseigne au Conservatoire et l'auditionne. Il l'encourage, la fait travailler pour qu'elle tente le concours du Conservatoire. En 1947, elle échouera de peu mais sera admise comme « auditrice libre ».

Elle ne le reste pas longtemps, quitte à décevoir maître Paulet qui souhaitait pour elle une carrière classique. Entre-temps elle a découvert Piaf et la chanson populaire. Elle sent intuitivement que sa route la mène ailleurs, vers les lumières du music-hall...

En 1946, les Serf se sont installés au 50 de la rue Vitruve dans le XXe arrondissement de Paris. « Le dernier appartement avant l'éclatement de la famille. » Famille qui pourtant va passer l'été à Trégastel en Bretagne. Premières grandes vacances, émerveillement de découvrir la mer. Le récit de Barbara se fait laconique pour raconter « les choses peu anodines » qui se passent cet été-là.

« Un après-midi je fugue pour fuir mon père. Je n'en peux plus. » Le gendarme qui l'écoute sans méfiance lui dit gentiment de retourner chez ses parents : elle n'est pas majeure ! C'est même son père qui vient la chercher, précisant qu'elle est « une malade, une affabulatrice ». Seize ans. Elle « le hait ».

Jamais encore elle n'avait bravé le silence, ne s'était ouvertement révoltée. Elle sent qu'il en a été impressionné... Quant à la mère, est-il possible qu'elle n'ait « rien su » ? Aucune allusion dans les *Mémoires*, comme si, longtemps après, la fille voulait épargner la mère fragile dont implicitement elle fait une victime...

Ce même été, un télégramme arrive : sa Granny s'est éteinte rue Marcadet. C'est un immense chagrin pour sa mère et pour elle, chagrin qui va « les rapprocher », dit-elle.

Encore une fois, elle semble « frapper » son père en le défiant, en lui hurlant sa colère alors qu'il lui refusait de rejoindre sa mère à Paris pour se rendre à l'enterrement.

Cela a-t-il un rapport avec le fait que, de retour « à Vitruve », le père lui loue enfin un piano droit ? Elle voyage sur le clavier toute seule, il n'est pas question qu'elle prenne des leçons. Elle ne peut en tout cas pas beaucoup s'exercer à la maison ; la cohabitation avec les études de médecine du frère n'est pas facile...

C'est au *Théâtre Mogador*, au début de 1948, qu'elle monte pour la première fois sur scène en allant passer une audition pour *Violettes impériales*. On cherche des « mannequins-choristes ». Elle s'y est préparée pendant un mois ! Elle est prise après trois notes chantées de la « Tombe obscure » de Beethoven, quand on lui demande de montrer ses jambes ! Elle y sera heureuse quelques mois, faisant connaissance avec l'ambiance excitante des coulisses et des loges, où « il est difficile de se déshabiller » au début avec « vingt-quatre filles à demi nues qui vous jaugent » !

Chez elle, la relation entre les parents se dégrade, jusqu'à la rupture. Le joueur, « le vagabond », ce père redouté et détesté, dont la silhouette d'ombre allait hanter tant de nuits et de « forêts obscures », celui qui disparaissait si souvent et réapparaissait quand on ne l'attendait pas, un jour est parti pour de bon et n'est plus revenu. Qu'allait-il faire à Nantes ? En dix ans d'absence, il ne donna aucune nouvelle.

« Un témoignage le dit à demi clochard, un autre le fait docker, un troisième assure qu'il travaille pour la marine marchande [...]. À Nantes comme ailleurs, Jacques le fugitif s'est surtout trouvé quelques amis joueurs invétérés dont il partage les interminables parties de poker[1]. »

Un autre témoignage rapporte qu'il savait, lui, où elle était et qu'elle chantait. S'est-il une seule fois dit : elle a

1. Valérie Lehoux, *Barbara. Portrait en clair-obscur*, Fayard, 2007.

atteint son rêve de pianiste chantante, je ne dois plus venir troubler ce rêve ?

Quand il appellera, ou plutôt fera appeler, ce ne sera, on l'apprendra plus tard, qu'à l'extrême limite de sa conscience, à un moment où il serait matériellement impossible pour elle d'arriver à temps… « Pour un adieu pour un je t'aime. »

L'histoire est comme elle la raconte dans la chanson, absolument vraie et profondément inscrite dans sa mémoire et dans sa chair. Elle n'oubliera pas, pour une fois, la date exacte où elle reçut cet appel « qui déchirait le silence » : lundi 21 décembre 1959. « Madame soyez au rendez-vous… »

Elle s'en fut à Nantes et il pleuvait. Elle rapporta le petit refrain bleu nuit :

Il pleut sur Nantes
Donne-moi la main
Le ciel de Nantes
Rend mon cœur chagrin.

Et quelques griffonnages auxquels elle ne toucha plus pendant des mois, des années.

Un jour de 1963, elle finit une première version de la chanson dans la fièvre et la chanta le soir même, le 5 novembre, au *Théâtre des Capucines*, lors de son premier passage important dans une salle parisienne. Elle savait que dans cette salle seraient présents sa mère, sa sœur et ses frères.

À dater de ce jour, « Nantes » figurera dans tous ses tours de chant ; une chanson devenue pure légende, envoûtante et mystérieuse, dont chacun se rappelle la première fois qu'il l'a entendue et le saisissement ressenti : ce que les mots disent et ce qu'ils cachent, tout l'univers de peine condensé en quelques cris, quelques murmures, tout ce passé ressurgi, regrets amers, violences contenues.

« Nantes » restera à jamais un « grand classique » de la chanson vécue et soufferte pas à pas. Elle prit évidemment tout son sens tragique en 1998, après la révélation publique dans les *Mémoires*. Ce monument d'amour et de respect voué au père retentit soudain comme un difficile pardon accordé, dont toutes les années à le chanter n'arriveront pas à effacer le remords « d'être arrivée trop tard » pour une réconciliation.

4

Celle qui ne voulait que chanter

Obstinément. Depuis toujours. Sans hésiter sur le chemin à suivre, même s'il était semé d'ornières, ni sur les portes à pousser, même si souvent elles ouvraient sur le vide. Une fois que le père a quitté Vitruve et Paris pour de bon, à la fin de 1949, elle écrit : « la vie est devenue moins étouffante » et nous la croyons. Mais peu de temps après, la jeune fille ne peut plus « acquitter les mensualités du piano loué » et le voit s'éloigner, porté par « trois géants ». Elle vit un drame, « une amputation », une douleur que personne ne comprend ni ne cherche à adoucir. La sévère Tante Jeanne a choisi de soutenir Jean et ses études de médecine, c'est du sérieux. Mais la musique ? Une folie de saltimbanque sans avenir.

Exit le piano et adieu Vitruve. Elle écrit dans *Il était un piano noir* : « Je quittais Vitruve le jour même, je n'avais pas dix-huit ans. » Elle se trompe d'âge mais elle était coutumière de la bousculade des années et des raccourcis historiques !

L'essentiel est que l'on sache qu'elle s'embarque pour Bruxelles et que nous l'y suivions. Partie sans laisser d'adresse ni de point de chute, sans l'intention de donner des nouvelles à sa mère non plus, avec en poche « la fortune » de trois cents francs généreusement prêtés par « une amie qui tenait un bureau de tabac place Saint-Blaise ».

Un lointain cousin, de passage à Vitruve, lui avait laissé son adresse à Bruxelles. « Il dirigeait un orchestre de balalaïkas. » Il l'héberge un temps contre de menus services. Entre Sacha Piroutski et elle, la cohabitation n'a pas marché plus de deux mois. Elle faisait la bonne, il devint méchant, elle s'enfuit.

Jusqu'aux *Mémoires*, écrits en 1997, dans lesquels elle raconte avec humour, joliesse et un évident plaisir, ses bribes de souvenirs de voyageuse, on ne savait presque rien de sa vie en Belgique, ce pays teinté de brume et de grisaille froide qui ne vibre pas dans ses chansons (il faut sans doute être Brel pour trouver les mots...), et puis, elle refusait d'en parler. Même et surtout en Belgique, quand elle y est retournée par la suite, de nombreuses fois, où les journalistes se faisaient poliment mais fermement éconduire.

Depuis 1997, les chasseurs de secrets ou simplement les chercheurs en « vraie vie vécue » – ce qui n'était pas son souci à elle – ont suivi des pistes, fait parler « des gens » qui l'avaient « connue avant » ; c'est parfois très intéressant et parfois pénible. Tout dépend du choix des personnes et du filtre à fantasmes qu'ils ont employé. Peu ont le mérite de respecter sa vie privée tout en apportant des témoignages inédits[1].

À Bruxelles, c'est l'errance. Elle ne connaît personne et marche beaucoup, à la recherche du moindre emploi. Elle marche sans bagages dans les petits matins froids quand l'odeur d'huile se mêle aux relents de bière et de misère. À Bruxelles elle a faim, c'est l'époque des bas filés et des lunettes qui n'ont plus qu'un verre. De temps en temps, attendrissant un portier d'hôtel, elle réussit à

1. Comme Jean-Dominique Brierre en 1998 ou Valérie Lehoux en 2007, par exemple.

passer deux ou trois nuits dans une vraie chambre, à dormir dans des draps frais et à prendre des bains... Puis elle doit s'enfuir, honteuse, sans payer la note. Lorsqu'elle rencontre un généreux mécène qui veut lui offrir un repas et des lunettes neuves, elle a du mal à le convaincre que sa vocation c'est de chanter et non de faire fortune en Afrique ou à Knokke-le-Zoute...

Au cours de ses vagabondages, elle rencontre une petite Peggy, « jeune femme très paumée qui attendait un enfant », qui a l'intuition de lui parler de Charleroi, où elle connaît une bande d'artistes sympathiques. Ils se retrouvent le soir à *La Mansarde*, un bout de grenier où il fait bon être ensemble pour refaire le monde, parler d'avenir et monter des petits spectacles informels en invitant des musiciens de jazz de passage.

Yvan Delporte, « le sage de l'endroit », écrit-elle, s'est souvenu de Barbara quand Valérie Lehoux l'a retrouvé. Il la décrit arrivant « à onze heures du soir dans la rue Léopold à Charleroi [...], elle avait des ballerines noires, une jupe noire, un pull ras du cou noir, des lunettes noires [...]. Elle a dit, *La Mansarde* c'est bien ici ? Bonjour, je m'appelle Barbara... ».

Avec son sens de la concision, Barbara écrira : « Dans ma période belge, *La Mansarde* reste comme une clairière, une belle saison où fleurissent des âmes joyeuses et claires. » Ces âmes l'accueillent en effet, lui offrent le canapé de *La Mansarde* pour ses nuits sans toit et... un piano sur lequel elle va travailler, répéter ses accompagnements qui sont encore succincts. Elle revit, elle survit, elle a moins faim, elle est moins seule. Et elle commence à chanter, encore mal assurée, devant un public d'étudiants clairsemé. Elle se présente déjà comme « Barbara ». Elle avance... Mais elle se lasse de Charleroi et de Bruxelles où des auditions dans différentes boîtes de nuit ne donnent aucun résultat concret. Surtout, elle craint d'être trop à la charge de ses amis de *La Mansarde*. Elle se languit de Paris.

Un soir de 1951, « sans l'avoir prémédité, je sors de la ville [...]. Je prends la route du Sud... » Là se situe une de ses chansons « tranche de vie », totalement autobiographique : « Monsieur Victor ». Elle fuit la Belgique sans savoir où elle va, espérant atterrir à Paris où elle « veut chanter ». C'est tout ce qui l'anime, trouver des lieux qui l'accueillent, devenir une professionnelle... Pour le moment, c'est « couleur poussière, épuisée, semelles usées ».

Qu'est-ce que ça veut dire vingt ans si tu crèves
Devant un désert de portes fermées...

« Chapeau mou, croco-diamant, tatouages jusqu'aux oreilles » s'arrête Monsieur Victor sur le bord de la route et ramasse dans son « coupé Chrysler » la fille de vingt ans. Elle lui parle beaucoup, il lui fait passer la frontière. Porte de la Villette, Monsieur Victor lui propose de s'occuper d'elle.

J'aurais dit oui peut-être,
mais j'avais en moi la folie de chanter...
Victor, Monsieur Victor, vous aviez un cœur d'or...

Ce sera Paris comme une escale, elle ne voit pas sa mère en arrivant, seulement sa petite sœur Régine à la sortie du collège. Elle s'installe rue Marcadet, dans l'ancien appartement de Granny, où une tante l'héberge. Et cherche du travail.

Elle arrive à rencontrer Jean Wiener, charmant homme, compositeur et pianiste de renom, qui « avait un jour reçu

Édith Piaf venue lui demander des conseils ». Il l'encourage, l'adresse à Pierre Prévert qui va ouvrir *La Fontaine des quatre saisons*. Trop tard. « Les auditions sont bouclées. » Elle accepte la place de plongeuse et verra le Tout-Paris défiler à travers la petite lucarne de la cuisine. Mais le régime est trop dur, même si de ces étroites premières coulisses, elle assiste chaque soir à « un spectacle qu'elle n'aurait jamais pu s'offrir ».

Épuisée, elle tombe malade, est hospitalisée. Nous sommes à la fin de 1952. Elle patiente à l'hôpital. Attend-elle un signe du destin qui la tirera de la maladie ? (Je l'ai toujours connue fuyant les cliniques, les maisons de repos, où elle arrivait pourtant en miettes, dès qu'elle se sentait le pied assez léger pour partir au galop...) Le destin se présente sous les traits d'un garçon de Charleroi. Il s'appelle Jeff, artiste peintre de son état, il a entendu parler d'elle... Il vient la voir. Trois jours plus tard, elle repart avec lui sur sa grosse moto. Paris-Bruxelles en plein décembre ! Elle arrive « toute raide, bleuie par le froid, à Bruxelles » qu'elle ne pensait pas revoir si tôt.

Avec Jeff, elle retrouve une famille d'artistes qui lui ouvre les bras dans la maison de Boondael où ils mènent leur vie de bohème, font entrer un piano quand elle entonne sa ritournelle « Je veux chanter »... Très bien. Pourquoi ne pas la faire chanter devant un public, il y a beaucoup d'étudiants par là qui seront ravis de se rassembler autour d'un jus d'orange ! « J'ai un petit répertoire et je m'accompagne très mal, dit-elle, il me faut un pianiste. »

C'est alors qu'un enchaînement de hasards fait entrer dans sa vie deux personnes, toutes deux liées d'amitié, qui auront une grande importance : Ethéry la Géorgienne, merveilleuse pianiste et Claude Sluys, apprenti avocat mais surtout, pour l'heure, magicien prestidigitateur, passionné d'art, de littérature et des cafés enfumés d'Ixelles où il a aperçu la longue jeune femme en noir cherchant pianiste. Longue et pas si mince en ce temps-là, mais les cheveux jusqu'à la taille qu'elle porte aussi en chignon sur la nuque.

Ethéry et Barbara s'entendent tout de suite à merveille, travaillent le piano, partagent leurs vies de fauchées. Ethéry héberge Barbara dans sa chambre sous les toits où un vrai piano prend toute la place... Quant à l'avocat magicien, il va vite se joindre aux petits concerts qu'elles organisent. Malheureusement, « à Boondael » ils n'ont pas de licence d'organisateur de spectacles et les gendarmes de la commune, à la première occasion, viennent faire cesser la fête.

Dans les *Mémoires*, Barbara parle avec émotion et amitié d'Ethéry, sa compagne de route dans ces mois décisifs où la pianiste chantante fait ses premières armes de chanteuse... de cabaret.

C'est un cabaret justement que la bande d'amis, Claude Sluys en tête, va inventer dans une salle qu'ils découvrent, chaussée d'Ixelles, à l'arrière-fond d'une friterie, *Le Cheval blanc*. « Une petite salle de bal équipée d'une petite scène sans coulisses mais, grand luxe, avec un rideau ! » Un lieu où était déjà passé Jo Dekmine, un autre fou de spectacle et de chanson, avec lequel Barbara travaillera souvent par la suite, lorsqu'elle reviendra en vedette chanter à Bruxelles, dans son *Théâtre 140*.

Claude passe un accord avec le propriétaire de la friterie qui se paiera sur les consommations – et qui, évidemment, gagnera beaucoup mieux sa vie que les artistes. Mais l'affaire tourne et prospère pendant plusieurs mois. Le public afflue, la chanteuse, toujours accompagnée par Ethéry, a amélioré son répertoire, elle interprète Xanrof, Bruand, Ferré, Mac Orlan, reprend des succès de Piaf... Elle se façonne peu à peu un personnage, empruntant des manières de diseuse « à la Yvette Guilbert ». Une amie de Claude Sluys, Élisabeth Godenne, qui avait participé à la rénovation du *Cheval blanc*, raconte : « Avant l'ouverture, Barbara n'avait pas de tenue de scène. Comme on savait dans le groupe que j'avais étudié la haute couture, Claude m'a demandé de lui faire "une petite robe noire". Les essayages étaient joyeux ! Enfin sa robe fut prête, sans décolleté devant, à sa demande, mais dégageant les épaules avec un biais de satin noir pour border le tout. Ce fut sa première robe de scène[1]. »

Quand le marchand de frites se met à augmenter le prix de ses consommations outre mesure, le petit droit d'entrée pour les artistes restant une misère, ils se brouillent et le cabaret doit fermer.

Les deux amies se retrouvent au chômage mais se font engager *Chez Adrienne*, un bar plutôt minable où se retrouvent les pilotes de la Sabena. Sur un méchant piano droit, l'une joue Beethoven et Chopin, et l'autre… écoutez-la : « Moi je chantais. Peu importait ce qui se passait autour de moi, je chantais ! »

Barbara vit un temps chez la vieille Prudence, personnage pittoresque dont elle a fait un portrait craquant dans les *Mémoires*. Ancienne tenancière de la « maison » où elle vit toujours, seule avec ses souvenirs de fêtes et de champagne, entre un bar défraîchi et un salon aux velours ternis. Physique de mercière de province et se consolant avec l'absinthe, elle attendait au petit matin le retour de sa locataire, un jour pour la chouchouter, soucieuse de son avenir, un jour pour exiger un loyer qu'elle avait déjà encaissé et caché sous les lattes de son parquet. Barbara avait une grande tendresse pour Prudence que

1. Didier Millot, *Barbara. J'ai traversé la scène*, Mille et une nuits, 2004.

l'on retrouvera, devenue mythique, dans un monologue de *Lily Passion.*

Du mariage avec Claude Sluys « un matin d'octobre 1953 » (le 31 pour être exacte), Barbara ne dit pas grand-chose sinon qu'il fut « assez fellinien », la mariée en noir « des pieds au turban » et Prudence (qui offrait le repas de noce) la poursuivant comme une folle en sifflant ainsi qu'un serpent : « Ne te marie pas ! Ces gens-là ne sont pas pour toi... ! » On saura plus tard par Claude, le beau garçon de vingt-cinq ans alors très amoureux de sa belle gitane, qu'il l'a sauvée de l'expulsion du pays en l'épousant, que ce n'était évidemment pas la seule raison du mariage. La famille très bourgeoise du marié ne voit pas l'union d'un bon œil : elle n'aura pas à souffrir longtemps de la présence d'une saltimbanque, et juive en plus, dans les (très rares) réceptions où elle se montre avec son mari.

Le couple vient vivre à Paris à la fin de 1953. Elle passe des auditions, cherche désespérément des engagements. Il écrit des poèmes, décharge des caisses aux Halles aux aurores de Paris... Puis doit rentrer en Belgique où, alors qu'il est exempté du service militaire, « on » l'empêche de revenir à Paris. Il ne s'en démène pas moins, sur place, pour aider de ses relations à la carrière de celle qui est encore son épouse.

C'est ainsi qu'elle se rendra à Bruxelles, en octobre 1954, pour assurer à *L'Atelier* un vrai récital de vingt chansons, présentée par Angèle Guller, femme de radio célèbre dévouée à la chanson et qui suivra fidèlement la carrière de Barbara.

Entre-temps, *L'Écluse* qui avait dit non à une audition en 1952, a dit oui au printemps 1954 et a bien fait... La porte commence à s'ouvrir pour de bon.

C'est le moment où, sans s'en douter peut-être mais avec une de ces intuitions rares qui la caractérisaient, elle transforme son personnage. Elle se fait couper les cheveux très courts et commence à ressembler au Pierrot de lune de ses années futures.

Paris, en 1955, redevient le port d'ancrage de la vagabonde. C'est aussi la fin du mariage belge. Elle n'épousera plus personne.

5

La femme qui chante

Les années cinquante sont l'âge d'or des cabarets rive gauche. Chanteurs, auteurs-compositeurs attachés à leur guitare, mais aussi fantaisistes y font leurs premiers pas, apprennent leur métier et se rodent devant un public parfois difficile, dans des conditions souvent exécrables. Ces lieux, la plupart du temps exigus, bruyants, enfumés, sont un tremplin pour la renommée. *La Colombe*, *Le Cheval d'or*, *Chez Moineau*, *Le Port du salut*, *L'Échelle de Jacob* ont vu les débuts de nombreuses futures célébrités : Avron et Evrard, Guy Béart, Jacques Brel, Raymond Devos, Pierre Doris, Pierre Étaix, Brigitte Fontaine, Serge Gainsbourg, Pierre Perret, Anne Sylvestre... Et bien sûr Barbara, sacrée en quelques années « vedette » de *L'Écluse*. Les patrons des lieux, quatre associés, sont tous artistes : Léo Noël, Brigitte Sabouraud, André Schlesser et Marc Chevalier. Pas plus qu'eux, elle ne se doute, à son premier vrai passage en 1954, que cet étroit bistrot au fond duquel une scène minuscule a été aménagée, va devenir sa maison, par là même un haut lieu de « la chanson française » et entrer dans la légende.

Les premiers temps, elle chante quatre ou cinq chansons. Avec les années et le succès, la « chanteuse de minuit » termine le spectacle et fait un tour de chant d'une dizaine de chansons. Les autres numéros ou les chanteurs qui ne jouent pas d'un instrument sont accompagnés par une pianiste (le piano droit est coincé à gauche de la scène). Il y en eut plusieurs : Yvonne Schmidt, Darzee, France Olivier et une autre dont je me souviens mieux, une jeune femme fine, menue, au visage d'ange et aux longs cheveux bouclés retenus sur la nuque : Liliane Benelli, la douce amie disparue trop tôt d'« Une petite cantate ».

Si elle pouvait, Barbara arriverait avant l'ouverture. Mais les coulisses de *L'Écluse* sont un placard où les artistes – Yves Joly et ses marionnettes par exemple – se bousculent. Elle est là deux heures et demie avant de chanter. Se met dans un coin, se fait engueuler mais se prépare ; elle se maquille, promenant en face de chaque angle de son visage, de chaque mèche, chaque coin de peau, un petit miroir qui la frôle car elle est très myope. Cérémonie du maquillage, lente, patiente, pour conjurer le trac. Cheveux courts, yeux charbon, lèvres rubis, profil aigu, provocant, peau fine et blanche du cou qui s'échappe du caraco noir à col dégagé, mains blafardes, jupe noire. Elle entre, allongeant la pointe du pied sous la résille noire. C'est elle, je vous dis, c'est Barbara ! Elle déjà, la même que celle qui arpentera des scènes beaucoup plus vastes, elle ne changera pas, elle deviendra un peu plus elle-même.

Imaginons-la babiller, comme je l'entendis souvent raconter, de son rythme saccadé, enjoué, pittoresque, dans les loges qui étaient ses abris préférés : « Tu comprends ! Joly sort avec son matériel. Rouspète parce que je suis sur son chemin, pas là où je devrais être. Bon ! Mais moi, morte de peur. Tous les soirs pareil, morte ! Schlesser m'annonce ou bien Léo. Je fais un pas, lumière dans l'œil, même pas deux pas, tu vois, et je bute dans le tabouret. M'asseoir, le clavier sous les doigts, fermer les yeux, tenter d'oublier. Parce qu'ils sont là, autour, partout, tu comprends. Pas seulement leurs yeux, mais leur souffle, leur chaleur. Tant mieux, tu me diras, si c'était vide... Tassés comme des sardines. Et la porte qui s'ouvre au fond, les bruits du quai... c'est terrible, le cabaret ! Ils ne se rendent pas compte. J'entends tout, le bracelet de la dame, le briquet qui allume la cigarette, je vois la flamme, les verres qui se cognent. Ce n'est pas leur faute, ils sont venus ! Mais moi, morte de peur, tu comprends, je fais un geste un peu large, j'oublie, et toc je décoiffe la femme de la première table ! Et eux, là, ils pourraient me toucher. L'horreur. Si je pense à ça, je ne reviens pas demain. Tu vois, tu chantes : “Il pleut sur Nantes” et tu entends quelqu'un déglutir sa bière ! Je t'assure, le cabaret, c'est terrible, terrible. »

Il y a toujours eu des « femmes en noir ». Marie Dubas, Piaf et puis Gréco... En voici une nouvelle, qui fera date. Le public qui se presse à *L'Écluse* doit le sentir, il revient sans se lasser ; c'est de plus en plus petit, *L'Écluse*. Aujourd'hui, les fervents d'alors font figures d'anciens combattants. Ils l'aimaient tant qu'ils n'auraient jamais voulu la voir s'en aller de là. Ils ne se rendaient pas compte, ces premiers amoureux, que l'oiseau ne supporterait pas éternellement cette cage dont il touchait les parois rien qu'en étendant les ailes. Mais l'essor, la grande envolée vers le succès, elle mettrait tout de même dix ans à le prendre. Dix ans, pour que les murs des cabarets, des petites salles, qui l'enfermaient dans un carcan, peu à peu s'éloignent comme par magie, et paradoxalement la protègent de leur distance, pour lui donner l'espace, l'écho et la grâce.

À *La Tête de l'art*, non loin de l'Opéra, où elle fera, plus tard, quelques passages, elle ne sera pas plus heureuse. La scène plus vaste pouvait recevoir un quart de queue et le tapis rouge était déroulé jusqu'à sa loge. Adulée, elle l'était, mais rive gauche ou rive droite, il y eut un moment où elle n'eut plus envie de « faire du cabaret ». Elle se sentait à l'étroit. Même si elle sut toujours recréer cette bulle de silence autour de sa voix et de ses gestes, blancs sur noir, aura de nuit, espace clos de velours et de sons, où elle se retranchait pour mieux s'oublier et franchir d'un coup d'aile la distance qui la séparait des « autres ».

Lorsque ces autres, qu'elle aimait pourtant, reconnaissante qu'ils soient venus, formaient dans l'ombre une masse murmurante qui mangeait, buvait, cliquetait, le métier se faisait vraiment dur !

Et la fatigue accablante en sortant de scène et dans la loge quand ils surgissaient pour lui dire leur admiration, leur enthousiasme... Ils ne pouvaient pas savoir sa lassitude, sa chair à vif. Voix fortes, lèvres peintes, haleines, parfums mêlés, whisky, homard, caramel, truffes, Shalimar et fourrure, et ces bijoux qui continuaient de cliqueter... Ils ne pouvaient se douter que leur présence aiguë, tranchante, profane, que leurs odeurs, leurs bruits étaient une sorte d'inconvenance. « Laisse, murmurait la diva chiffonnée, fantôme d'elle-même, en s'inondant le visage, le cou, à l'aide de son brumisateur d'Évian, laisse-les, c'est leur façon de m'aimer... »

Elle avait raison. Pourquoi pas les dames en vison de *La Tête de l'art* autant que les gosses en blue-jean, enroulés d'écharpes, qui l'attendaient grelottants à la sortie des théâtres, lui offrant des regards pleins d'amour et leurs roses à moitié fanées ?

Un jour elle découvrirait – après les affres du cabaret – le bonheur d'investir une vraie scène et d'y recréer son univers. Non pas qu'elle reniât *L'Écluse* ou les petites salles, mais il lui fallait aller plus loin, beaucoup plus loin, au risque de trahir ses amoureux de jeunesse, ceux qui la priaient de chanter seulement pour eux, de rester confidentielle.

Depuis 1957, elle est devenue « la » chanteuse de *L'Écluse* et le restera jusqu'en 1964. En 1958, elle glisse timidement ses premières chansons dans son tour, « J'ai troqué » et « J'ai tué l'amour ». Elle les a écrites seule, les enregistre même chez Pathé Marconi mais il ne lui viendrait pas à l'idée « d'avouer » qu'elle en est l'auteur. Pierre Hiégel, qui produit des émissions à Radio Luxembourg est aussi le directeur artistique de ce 45 tours. Il est un des premiers, et des rares, du « métier » à la comprendre et à pressentir quelle artiste est en passe d'éclore dans la serre de *L'Écluse*. Il lui écrit un beau commentaire, et si pertinent, au dos de sa pochette : « Cette grande jeune femme semble un fauve libre, que seule une chanson pourrait apprivoiser. Elle nous invite à entrer dans le monde où les mots de tous les jours deviennent inexprimable musique. Barbara n'explique pas, ne démonte pas les rouages d'une inquiétante machinerie. Chez elle, l'intelligence la plus aiguë fait bon ménage avec une sensibilité à fleur de chair, à fleur de lèvre. Elle possède ce qui ne s'apprend pas dans une école : le don de faire vivre un texte, une musique, et d'en révéler les nuances secrètes. »

Denise Glaser aura elle aussi une précoce intuition du talent de la chrysalide noire. Elle l'invite dès 1959 à sa célèbre émission du dimanche midi, « Discorama », qui rend compte de l'actualité du disque de variété, avec des interviews d'artistes devenues des pièces d'anthologie. Chère Denise, adorable et folle, avec ses silences candides, ses faux cils et ses décolletés vertigineux ! Et son art inimitable de faire parler des gens qui n'en avaient pas forcément envie, tels Barbara et Serge Gainsbourg, entre autres...

« Discorama » était au disque ce que « Lectures pour tous » fut au livre, dans ces temps anciens de l'écran gris et de l'unique chaîne. Denise Glaser restera jusqu'au bout (de son émission et de sa vie trop brève) une fervente de Barbara, pour laquelle elle était allée jusqu'à inventer une fausse couverture de 45 tours pour l'émission et lui faire chanter à l'antenne « Nantes » qui n'était pas encore enregistrée.

Commence-t-elle à y croire ? Pas encore, apparemment. Elle s'accroche aux chansons des autres, qui sont aussi des chansons d'hommes dont elle fait deux beaux disques. En 1960, c'est *Barbara chante Brassens* qui obtient le Grand Prix de l'académie Charles-Cros et en 1961 *Barbara chante Brel*.

Au début de 1961, une grande chance lui est offerte : Félix Marten (qui se souvient de ce grand diable sympathique, bon interprète au demeurant ?) vient à *L'Écluse* et lui demande d'être la « vedette américaine » de son spectacle à *Bobino*. Celle dont la mémoire flanche souvent note : « Bizarrement, je n'ai aucun souvenir de ce passage à *Bobino*... » Peut-être valait-il mieux... Devant un public poli, elle ne « perce » pas. Ce n'est pas encore son heure. Pourtant elle se souvient de son tabouret de piano réglé « à soixante et un centimètres très précisément » (c'est bien d'elle !) que le « très bon mais très gros pianiste de Félix Marten » casse en deux en s'y asseyant ! Elle se souvient aussi qu'elle a inscrit « Chapeau bas » dans son tour.

Faut-il parler d'amour ? Je veux dire : ici ? Maintenant ? Oui, je le crois, car sans lui, ce grand amour-là, il n'y aurait peut-être pas eu le déclic pour ces petites chansons-là, ces naissances de « zinzins », la la la, qui passent encore inaperçus entre les notes où elle essaie de les cacher, ces débuts d'écriture réelle qui peu à peu s'épanouiront dans son miroir magique. Ces chansons « vécues », où chacun reconnaîtra ses amours, ses douleurs, son destin, il faut bien qu'elle les vive d'abord !

Elle a trente ans, l'âge des passions et des aubes flamboyantes. Oh, elle en a eu déjà, des amoureux, dévoués, éperdus et même un mari dont le « tort » fut d'arriver trop tôt dans la chronologie... Elle les a plantés sur le bord de la route, ça ne fait que commencer, adieu, je repars, vous n'êtes plus dans mon horizon... Est-ce pour eux, déjà, qu'elle a chanté : « Il a foutu le camp le temps du lilas... » ?

« Et puis un soir, écrit-elle, je tombe amoureuse, folle éperdue, complètement "décagniassée", le cœur et la tête à l'envers... » Voilà Hubert B. qui déboule dans son paysage. À *L'Écluse* d'abord, où il vient retrouver son ami Schlesser perdu de vue depuis des années, puisqu'il vit en Afrique, Hubert, et revient de temps à autre, nimbé d'exotisme et de mystères néocoloniaux. Nous sommes à la fin de 1959, au début de 1960, dit la chronologie. Or le père est mort le 21 décembre... De ces coïncidences... On affirme bien que les rencontres sont rarement dues au hasard... Avait-elle droit au grand amour, enfin ?

« Amours tumultueuses », note-t-elle. Il la voudrait toute à lui, voire qu'elle abandonne le métier... Pour lui faire plaisir, lui prouver son amour, elle essaie, se met en vacances de *L'Écluse* et le suit pour une saison à Abidjan où il mène sa vie très confortable et mondaine. Elle supporte mal et ne restera qu'à condition de chanter. Elle a le dessus, se fait engager dans le cabaret *Le Refuge* de Jo Attia, le truand au grand cœur. Elle en rapportera des anecdotes pittoresques. Hubert n'adore pas, surtout quand elle rentre à point d'heure mais elle s'amuse de l'aventure africaine vécue sous cet angle-là, quand son « tour de chant s'intercale entre Faïza et sa danse berbère et Minouchette la strip-teaseuse ». En revanche, elle déteste les « aristocrates à la gomme » qui fréquentent les soirées où Hubert veut la traîner et qu'elle fuit. Elle préfère se réfugier dans les cuisines et parler avec les « boys »...

Septembre 1961, *L'Écluse* la réclame. « Déchirée, je nous sépare encore une fois... »

Dans l'avion du retour, elle commence à entendre le refrain de « Dis, quand reviendras-tu ? », finit la chanson à Vitruve, où elle vit de nouveau et la chantera pendant un an à *L'Écluse* avant d'avouer qu'elle l'a écrite. Chanson pour Hubert, chanson d'avertissement ! « Je n'ai pas la patience des femmes de marins. » Chanson qui le fait revenir une fois... Tentatives de retrouvailles, voyage en Italie, « comme dans les chansons ». Mais il repartira et elle le regardera s'éloigner, accrochée à son piano et à sa vie d'artiste, la mort dans l'âme.

C'est un épisode essentiel dans sa vie de femme qui chante, un tournant. Ce qui n'a pas été possible avec Hubert ne le sera avec aucun autre. Elle ne sera jamais « la femme de... » ni ne pourra « partager la vie de... ». Elle choisit la solitude, ce qui ne veut pas dire la chasteté même si, selon son image souvent répétée, « elle prend le voile ». Le voile recouvre son métier, son piano, la scène, sa passion de chanter, même s'il faut sacrifier tout « le reste », ce qui habituellement nourrit la vie des autres et ne suffit pas à la sienne. Les amours, oui, mais fulgurantes, et que jamais elles ne l'éloignent de son piano, complice de son langage nouveau, seul compagnon à qui elle peut se confier totalement, qui la « connaît » et sait « interpréter » ses états d'âme. Drôle d'alchimie entre la « femme piano » et les mots qui la traduisent, drôle de fusion qui se consolidera au long des années.

Curieusement, ou peut-être « naturellement », c'est à partir de 1961-1962, de « Dis, quand reviendras-tu ? » qu'elle se met à « vraiment » écrire, à pianoter sur les mots et à fabriquer chanson sur chanson. « Les mots se pressent au bout de mes doigts. »

Quand on lui dit « vous êtes un poète », elle réagit comme si on l'insultait ou plutôt comme si on insultait les « vrais » poètes. Vous ne comprenez pas ! pourrait-elle leur répondre, je n'écris pas pour être lue ni déclamée, j'écris pour chanter comme on respire pour vivre. Je ne suis qu'une « femme qui chante », formule de modestie qu'elle répétera toute sa vie.

Cette femme-là, en 1962, est bien une vedette en son *Écluse*, elle a déjà enregistré plusieurs disques, a même reçu un prix prestigieux pour l'un d'eux mais n'a pas encore enregistré « ses » chansons[1]. La firme CBS, qui a racheté Odéon, et Pierre Hiégel lui proposent d'enregistrer quatre titres pour un super 45 tours. Vont y être réunies trois chansons de lendemain d'amour : « Le Temps du lilas », « Tu ne te souviendras pas », « Dis, quand reviendras-tu ? » et une autre « Le Verger en Lorraine », dont elle a signé la musique et Jean Poissonnier les paroles. Est-ce une façon de rendre justice à Jean Poissonnier, cet amoureux discret d'il y a quelques années, avocat poète lui aussi, rencontré *Chez Moineau* ou à *La Boule d'or* et qui, très attentionné, lui a tenu la main durant plusieurs saisons ?

Cela se passe au tout début du printemps 1963. Au moment de se rendre au studio pour « faire » deux titres cet après-midi-là, elle freine des quatre fers, racontera Luc Simon, témoin de la scène. Elle ne veut plus y aller, plus

1. À part « Chapeau bas ».

chanter ses petits zinzins de rien, surtout pas les graver devant l'éternité, elle souffrira trop, personne n'en voudra, ce sera pire, d'ailleurs elle va laisser tomber, à quoi bon tout ça... Bref, on finit par la convaincre.

Elle entre dans les studios, cherchant son chemin et reste figée devant deux écriteaux épinglés côte à côte. Sur l'un est écrit « Barbara », une flèche à gauche, sur l'autre « Madame Piaf », une flèche à droite. Elle s'évanouit presque. La grande Piaf ! Entourée de cinquante musiciens pour une séance ultime ; petit tas de plumes posé sur un fauteuil, entourée, soutenue par le tendre Théo Sarapo qui donne la becquée à cet oiseau minuscule et tordu. Soudain l'orchestre s'envole. Piaf se redresse et la voix jaillit, une voix rocaille, une voix très usée mais en même temps puissante, venue de loin. Elle chante ! Puis semble se rétrécir de nouveau à la fin de la chanson, retomber comme un chiffon. Après la séance, Théo l'emporte dans ses bras jusqu'à la voiture qui l'attend devant les studios.

Il serait tentant de faire des parallèles, des rapprochements. Ces deux créatures n'ont rien en commun sauf l'essentiel : la passion de vivre et de chanter. Dans le métier du show-biz, il n'était pas rare que des vieux de la vieille évoquent Piaf, ses dingueries, ses prouesses, et les rapprochent de celles de Barbara. À la différence qu'elles n'avaient pas le même style. Les vies, les manières, les origines de ces deux femmes étaient à l'opposé. Là où Piaf était touchante d'exhibitionnisme, Barbara intriguait de silences. En revanche, leurs aspects « bête de scène » – présence, énergie, magnétisme – ont souvent été, à juste titre, comparés.

Ce jour de printemps, il n'y eut pas de rencontre entre les deux dames en noir. L'une s'en va, déjà trop loin de la vie pour voir encore ce qui s'y passe. Et l'autre, à peine arrivée au firmament, foudroyée d'émotion, regarde passer un spectre. Deux étoiles filantes…

Elle avait fait la connaissance de Claude Dejacques en avril 1963 à *La Tête de l'art*, où elle était engagée dans le programme de Raymond Devos. Alors directeur artistique chez Philips, Claude Dejacques rêvait de réaliser un disque avec Barbara. De son côté, elle avait une folle envie de travailler avec lui ; la confiance s'était immédiatement installée entre eux. « C'est la première fois que quelqu'un du métier m'entend vraiment », disait-elle.

N'ayant aucune idée précise de ce que représente un « contrat », elle ne comprenait pas pourquoi Dejacques ne viendrait pas faire un disque avec elle chez CBS qui avait l'exclusivité de tous ses titres, dont évidemment « Nantes » et « Dis, quand reviendras-tu ? ». Dejacques s'en amuse, tente de lui expliquer et lui conseille d'en parler avec Louis Hazan, le directeur de la production chez Philips. Le temps passe, leur amitié s'étoffe au fil des mois quand arrivent, à la fin de novembre 1963, « Les Mardis de la chanson » au *Théâtre des Capucines*, sur une idée de Gilbert Sommier qui l'a convaincue de construire un tour avec ses chansons uniquement. Dejacques assiste à toutes les répétitions, la conseille, ne la quitte plus.

Le soir de la première, le 5 novembre, a lieu la fameuse création de « Nantes ». Beaucoup de gens du métier sont dans la salle, parmi eux, Louis Hazan. Rencontre coup de foudre. Cet homme, dont elle a entendu pis que pendre et s'en fiche, elle l'adore immédiatement.

– Prêtez-moi Dejacques.

– C'est difficile, venez plutôt chez Philips.

– D'accord.

– Mais votre contrat ?

– Je m'en occupe.

– Alors, tâchez de récupérer « Nantes ».

Il n'y croyait pas ! Chez CBS elle obtient, trop facilement, une lettre qui la délie de tout engagement. Elle revient triomphante dans le bureau de Louis Hazan.

– C'est fait ?

– Ravis de me voir partir.

– Dommage. On aurait dû demander « Dis, quand reviendras-tu ? » en prime.

Elle était aux anges. Commençait-on sérieusement à l'aimer ? Le soir, Louis Hazan reçut une énorme gerbe de fleurs. Sur son contrat, qu'elle a signé en le lisant à peine, Barbara a dessiné un petit bateau, un oiseau et un soleil.

Aux « Mardis », elle a également rencontré Françoise Lo (qui deviendra plus tard Sophie Makhno) qui présentait le spectacle dont la première partie était composée de « jeunes talents ». Elle sera l'assistante de Barbara pendant un peu plus de deux ans et lui écrira quelques textes : « Sans bagages », « Les Mignons », « Tous les passants », « Septembre ».

Le disque « à la rose rouge », qui restera l'emblème de Barbara, sort en octobre 1964 pour le spectacle de *Bobino*, où elle chante en vedette américaine de Brassens. Au même programme : Serge Lama, Brigitte Fontaine, Boby Lapointe, une sacrée brochette ! Réalisé par Claude Dejacques en accord parfait avec sa chanteuse, le disque a mis huit mois à se peaufiner avant de voir le jour : un bel enfant ! En route vers le succès, le vrai, le tant attendu !

1964 est une grande année pour la « femme qui chante », celle de tous les changements possibles pour l'obstinée, la persévérante qui, malgré les déboires de longues périodes de « vache enragée » et d'attente du succès, a continué son chemin sans se retourner, sans se décourager.

Année où elle « sent » qu'elle doit quitter *L'Écluse* et elle le fait. Elle s'en est toujours tenue à ses décisions. Année de l'éclatement du succès à *Bobino* où, de chanteuse confidentielle, connue seulement des amateurs de la rive gauche, elle devient, en une soirée, la révélation tous azimuts dont le Tout-Paris et la presse confondus s'enthousiasment, au point d'en porter atteinte au prestige de Brassens qui la suit en seconde partie !

Que s'est-il passé à *Bobino* ? Françoise Lo le décrit avec justesse : « Elle est arrivée avec ce magnétisme qui l'a ensuite caractérisée et cette salle a été complètement subjuguée [...]. À cette époque, les gens étaient abrutis de sons et de rythmes. Elle leur a apporté un silence, une religion [...]. Elle les a hypnotisés[1] ! »

Quelque chose d'étrange est survenu : une communion unique entre une artiste et un public qui devenait « le sien », sorte de prise de pouvoir amoureuse qui a dû dépasser en puissance et en profondeur tout ce qu'elle pouvait espérer. « Quelque chose » dont elle aura très peur avant de le dominer à force de travail sur soi et de lucidité.

Cette même année, en juillet, Barbara prend le train pour Göttingen, « seule et déjà en colère d'avoir accepté d'aller en Allemagne ».

Gunther Klein, un grand barbu aux allures d'étudiant timide, était venu de nombreuses fois à *L'Écluse*. Il lui parlait de Göttingen, sa ville natale, célèbre pour son université et ses étudiants. Pourquoi ne pas venir y chanter ? Il y avait un petit théâtre, le *Junges Theater* dont il était l'un des animateurs. Elle hochait la tête. À Göttingen (où était-ce cela encore ?) personne ne devait la connaître... et puis l'Allemagne ! Vraiment !

1. Valérie Lehoux, *op. cit.*

Gunther était patient. Elle finit par dire oui, à la condition absolue qu'il y ait un demi-queue noir ! On l'invite pour une semaine. « Vous êtes fou, Gunther, il n'y aura personne. » Quand elle arrive au théâtre, en effet très petit, pour répéter, un vieux et lourd piano droit l'attend, coincé à gauche de la scène, armé de deux superbes chandeliers en argent ! Elle se souvient que Gunther ne l'a vue chanter qu'à *L'Écluse*. Ah non ! Elle ne peut pas. Elle exige un piano à queue. Si on ne peut pas trouver cela en Allemagne… Mais, c'est encore plus incroyable, à Göttingen les déménageurs de pianos font grève ! Finalement, on en trouvera un, prêté par la famille d'un étudiant, qui, après être passé par une fenêtre, arrivera porté par une bande de jeunes garçons, et remplira la scène, très en retard sur l'horaire prévu pour le lever du rideau. Elle n'a même pas eu le temps de répéter, ce qui pour elle est impensable…

L'accueil du public de Göttingen est merveilleux. Si elle voulait, elle pourrait y demeurer des semaines et chanter tous les soirs. La journée, elle flâne dans les jardins de cette jolie petite ville épargnée par les bombardements. Elle rencontre beaucoup de jeunes, beaucoup d'enfants.

Quand ils ne savent rien vous dire
Ils restent là à vous sourire
Les enfants blonds de Göttingen…

Elle reste plus longtemps que prévu et le dernier soir, leur fait cadeau de la chanson à peine finie, qu'elle déchiffre sur une feuille de cahier, les lunettes au bout du nez. Petite chanson d'amour, dit-elle, pour « les enfants blonds de Göttingen », une chanson qui ne s'appesantit pas, ne cherche pas à « expliquer ».

S'il fallait reprendre les armes
Mon cœur verserait une larme pour Göttingen
Pour Göttingen.

C'est tout et cela suffit. Elle a choisi de parler des enfants, de parler d'espoir. À travers des mots légers, les terribles souvenirs entremêlés de deux peuples redevenus amis n'ont pas besoin d'être nommés. L'émotion est transmise, intacte. Réconciliation ne veut pas dire oubli.

Pendant les années qui suivirent, Gunther insista régulièrement. Barbara et « la » chanson étaient devenues célèbres dans sa ville, elle devait revenir, elle serait portée en triomphe !

Entre-temps un fervent admirateur, parolier et poète, Walter Brandin, avait traduit une dizaine de chansons de Barbara en allemand dont les textes, superbes, étaient très fidèles aux originaux.

Au printemps 1967, alors que je travaillais avec elle depuis moins de deux ans, nous nous sommes lancés dans la folle aventure de lui faire enregistrer ses chansons dans la langue de Goethe. Pendant des semaines, je peinais (et elle aussi) à lui donner des leçons de prononciation, à préparer des transcriptions phonétiques, à tenter de lui apprendre la différence entre « che » et « sche », etc. Mon élève, très courageuse, se lamentait : « Je ne suis pas douée pour les langues ! » Tenace, elle ne renonça pas ! Mais lui faire chanter et rechanter « *Ich liebe dich kann ich nicht sagen* » (« Je ne sais pas dire je t'aime ») ou « *Wenn schon sterben dann schon sterben* » (« À mourir pour mourir »), toutes les prises en direct avec Joss Baselli et Michel Gaudry suant à grosses gouttes, c'était à la limite de la cruauté ! Le disque pourtant vit le jour après de mémorables séances à Hambourg, où des techniciens héroïques coupaient les bandes en miettes et les recollaient pour arriver à une version à peu près audible. Le disque ne fut pas un succès commercial mais le réécouter aujourd'hui est émouvant. Les mots allemands, légèrement chahutés par l'interprète mais avec quelle virtuosité, se prêtent si bien à « *Eine winzige Kantate* » ou à « *Sag, wann bist du bei mir ?* » que l'on se prend à rêver à ce qu'aurait pu en faire Marlene...

En 1992, elle a tenu à faire figurer *Barbara singt Barbara* dans son coffret *Ma plus belle histoire d'amour... c'est vous* de treize CD.

Le retour à Göttingen fut organisé pour le 4 octobre 1967. Le public ne demandait pas qu'elle chante en allemand. Gunther loua pour l'occasion la *Stadthalle*, la nouvelle salle de concerts de mille deux cents places, et un vrai piano à queue, pas un quart ni un demi, un entier, magnifique ! France Inter suivrait la chanteuse pendant la journée puis retransmettrait une grande partie du récital le soir même en direct.

Le matin du jour J, à Paris, Barbara se réveille avec une grippe affreuse et un filet de voix. Elle arrive à Göttingen à moitié évanouie, par avion puis en voiture. Journalistes, radio, photos, répétitions. Elle assure. En essayant de parler le moins possible et de sourire sous la pluie... Le soir, piqûre avant la première partie puis repiqûre à l'entracte. La voix tiendra-t-elle le temps du récital ? Au cours de la seconde partie, voici « Göttingen ». Ovation ! Puis elle m'appelle sur scène. Elle veut chanter la version allemande, je dois suivre le texte avec elle et souffler si besoin est. Murmure : « Si tu pouvais chanter à ma place... » Triomphe ! Puis « Le Mal de vivre » et « Nantes », et de nouveau « Göttingen » en rappel. Ils ne la laissent plus partir. Elle a tenu, elle, les signatures, les sourires, les mercis. Puis elle s'est effondrée à la porte de l'hôtel, il a fallu la porter jusqu'à son lit.

Celui qui doit se souvenir le mieux de Göttingen, c'est Roland Romanelli. Une semaine plus tôt, Barbara a eu une discussion un peu vive avec Joss Baselli. Dans les cinq minutes, ils se séparent. Ils ne joueront plus jamais ensemble. « Et Göttingen ? – Je t'envoie le petit », dit Joss, bon prince. Le petit : Roland, vingt et un ans, le « futur meilleur » selon Joss, il ne se trompait pas. Le jeune homme arriva chez Barbara quatre ou cinq jours avant Göttingen, pour répéter, avec l'aide de Michel Gaudry, l'excellent bassiste, une trentaine de chansons qu'il ne connaissait pas. Il était terrorisé, rouge et balbutiant. L'entêtement de la chanteuse et le talent de l'accordéoniste firent bon ménage. Il dut perdre un kilo par jour mais ne fit pas une fausse note à Göttingen.

Et puis ce fut à nouveau *Bobino* à la rentrée, en septembre 1965. C'est encore l'été. Elle est très attendue. Sur les murs de Paris, sur les colonnes Morris, son visage s'affiche en noir et blanc moucheté. La tête est penchée sur l'épaule gauche, dans un geste bien à elle, les yeux sont fermés, soulignés d'un eye-liner aile de corbeau brillant, et la bouche entrouverte sur le « mal » de vivre, on croit l'entendre : vibrant, inoubliable portrait qui annonce aussi un deuxième album magnifique avec, entre autres, « Göttingen », « Une petite cantate », « La Solitude »...

On guette son retour avec ferveur déjà, ou curiosité si on ne la connaît pas encore mais, dans ce cas, on n'a pu ignorer les retombées médiatiques de son passage avec Brassens en 1964. Elle a très peur à la vue des lettres lumineuses de son nom au fronton de ce music-hall qui l'a consacrée il y a un an à peine. Comme *Bobino*, cette jolie salle feutrée noir et rouge, nous semble loin, une époque révolue dans nos mémoires de spectateurs nostalgiques ! On a cassé *Bobino* et la rue de la Gaîté n'est plus ce qu'elle était…

Mais revenons à ce matin ensoleillé du 15 septembre. Une voiture de l'ORTF est venue la chercher rue Rémusat, devant chez elle. Jacques Tournier, alors conseiller des programmes auprès de Roland Dhordain à France Inter, avait eu l'idée de cette « Journée Barbara ». De huit heures et demie du matin à une heure du matin suivant, la station suivrait Barbara, qui interviendrait plusieurs fois en direct à l'antenne, puis retransmettrait l'intégralité de son tour de chant. Elle les attendait ce matin-là, assise sur sa valise. D'un balcon, quelqu'un lança un papier où était écrit : « Bonne chance. »

Bobino, c'est déjà une grande salle. Elle installe son coin sur la scène, côté cour. À l'inverse des solistes, elle joue les notes graves du piano tournées vers le public. Des heures pour trouver la place de l'instrument, au centimètre près. On retire même la roulette à l'avant du piano à queue, afin que pas un spectateur ne passe la soirée à contempler le ventre de la bête ou ses pieds à elle. « Je ne suis pas un cadeau à regarder, mais ils ont tout de même le droit de me voir, ils ont payé pour ça ! » Le tabouret, le sien, est haut sur pattes, très mobile. Alentour la chaleur des rideaux de velours, des sièges rouges, des loges.

Viendront-ils ? Toujours cette peur qu'ils ne soient pas au rendez-vous.

Avant elle, Guy Bedos, en covedette, termine la première partie. Puis c'est elle, accompagnée par Joss Baselli à l'accordéon et Pierre Nicolas à la contrebasse. Son entrée est discrète encore, en ces temps d'isolement et d'ambiance liturgique. Sur la ritournelle de « Pierre », elle surgit, noir velours, à droite de la scène, à trois pas de l'angle du clavier et, sous les bravos, se glisse sur son tabouret.

Dans la salle bondée, le Tout-Paris, le tout-métier, mais aussi le public qui s'entasse jusqu'au poulailler. Elle obtient un triomphe. Les roses volent sur la scène qu'elle longe lentement devant le rideau rouge, émue, souriante. Ce fut pour cette soirée et celles qui suivront pendant tout septembre qu'elle écrira bientôt « Ma plus belle histoire d'amour ».

Après le succès de *Bobino*, le travail afflue, les contrats pleuvent. Une première grande tournée est prévue pour janvier-février 1966, organisée par Georges Ollivier qui depuis des années s'occupe de celles de Brel. Françoise Lo, débordée, a déjà fait appel à Nadine Laïk. Philips met à leur disposition un bureau, avenue Franklin-Roosevelt. Elles s'associent pour s'occuper de plusieurs artistes « estampillés » Philips : Anne Sylvestre, Éva, Valérie Lagrange, Los Incas, Ricet-Barrier, mais aussi Henri Garcin, Romain Bouteille, Graeme Allwright, François Lalande... et bientôt Serge Reggiani que Barbara a rencontré lors d'un concert à la Mutualité au printemps. Elle va beaucoup l'encourager, le guider dans ses choix de chansons et son interprétation scénique.

Y eut-il une brève « histoire » entre Barbara et Serge Reggiani ? Probable. Mais très brève. Je n'en fus pas le témoin. Quand j'ai commencé à travailler avec Barbara en janvier 1966, je les ai vus se croiser chez Philips ou dans les loges de théâtre puisque de nombreux contrats avaient été signés, sur au moins une année, dans lesquels Serge assurait la première partie et en particulier pour le spectacle de *Bobino* en décembre 1966. Ils se saluaient mais ne se parlaient pas, ou plus... Il était courtois, elle était pointue, voire distante, et en tout cas avare de commentaires.

Au bureau de l'avenue Franklin-Roosevelt, au début de 1966, j'étais supposée, dans un premier temps, apprendre quelques rudiments d'un métier que je ne connaissais pas. Mais dans les premiers jours de l'année, Barbara se fâcha irrémédiablement avec Françoise Lo qui devait l'accompagner en tournée. « C'est toi qui partiras avec moi, tu verras, ce n'est pas difficile, je t'expliquerai ! »

Ainsi me retrouvai-je, vers la mi-janvier, assise dans une Mercedes gris souris, à côté de ma chanteuse, un cahier d'écolier sur les genoux, sur lequel j'étais censée noter les éclairages de son tour de chant. Je n'avais évidemment pas la moindre notion de régie et ne connaissais à fond que la moitié des titres de son récital. « Ne t'inquiète pas ! Du moment qu'on me voit le moins possible, je suis contente. Un projecteur de poursuite et quelques gélatines de couleurs suffisent. Et puis, je te ferai des signes ! » Elle adorait parler de « gélatines » avec les techniciens, quand il y en avait, car parfois il n'y avait ni les unes ni les autres. « C'est simple, si je pouvais chanter dans le noir, ce serait l'idéal ! Les pleins feux, tu évites. Là du rose, là du bleu, un peu, pas trop. Et le visage cerné, tu comprends, le plus possible de noir autour, ça me rassure... »

Le premier soir, à Saintes, je ne l'oublierai pas. Au balcon, parmi le public, une poursuite antique « à charbon », tenue à bout de bras par un brave homme, qui en avait vu d'autres mais des comme ça, jamais ! Il devait nous trouver complètement folles. « Reste à côté de lui, j'ai pas confiance ! »

Certaines salles étaient correctement équipées... La plupart du temps, une misère. Pour cette première tournée, nous n'emportions que le tabouret, les micros et le pied de micro. Pas encore la « sono ». Pour les lumières, elle s'accommodait de tout, c'est-à-dire du minimum. L'enfer, c'était les pianos ! Le cauchemar du tourneur ! Innocent, la première année, il avait beau stipuler dans le contrat que l'on voulait un piano à queue noir (!) de concert (!) et accordé à « 442 », il était rare d'obtenir le tiers du huitième d'une satisfaction.

Scénario n° 1 (le meilleur des cas) :

Casquée, bottée, nez pointu, la chanteuse se fait ouvrir les coulisses. Mine sidérée du machiniste de service. Il est quatre heures de l'après-midi.

– Où est le piano ?

– Là, madame, je crois.

– Vous croyez ?

– Oh ! moi… Les pianos…

– Ça commence bien. Joss ! Ça va, l'accord ?

Joss pianote, fait la moue.

– Appelez-moi le directeur !

Un homme, disons affable, arrive.

– « 442 », ça vous dit quelque chose ?

– Excusez-moi, madame ?

– Je ne peux pas jouer sur ce piano. Appelez-moi l'accordeur !

Scénario n° 2 :

Elle s'assied sur le tabouret, enveloppée dans son châle noir. On gèle. Elle ouvre le piano, l'essaie, reste figée.

– Où est le directeur ?

– Mais madame… Il a un déjeuner d'affaires.

– Ah oui ? Quand il reviendra, dites-lui que s'il ne change pas ce… piano, il n'y a pas de spectacle ce soir.

– Mais madame, c'est plein…

– Justement !

Le directeur arrive, disons, la mine enfarinée.

– On me dit que vous n'aimez pas mon piano, madame ?

– Quel piano ? C'est une casserole, votre piano !

– Mais… France Gall en était contente et…

– Je n'ai pas le talent de Mme France Gall.

– Il faut vous dire, madame, que les musiciens ne sont pas toujours tendres avec les instruments… Je ne savais pas que vous jouiez vous-même… Ma femme est pianiste et…

– Ah ? Vous avez un piano chez vous ? (Mine navrée du directeur.)

– Oui, un Steinway… (Œil brillant de la chanteuse.)

– Allez me le chercher !

Ce qui fut fait.

Scénario n° 3 :

– Vous n'appelez tout de même pas ça un piano ? Cette chose jaune qui va m'éblouir ? Il est complètement faux en plus.

– Mais madame, la semaine dernière, Jacques Brel…

– Je n'ai pas le talent de M. Brel. Et puis, vous mentez, jamais Jouannest n'aurait joué là-dessus. Joss ! Essaie-le.

Joss fait le dos rond, voudrait que ça s'arrange.

– Écoute, Barbara… en le réaccordant peut-être… en jouant moins fort…

– En chantant dans le noir et en me trouvant une mandoline à la place…

Malheureuse, elle jouait quand même, s'excusait entre deux chansons. Une fois le spectacle commença avec plus d'une heure de retard, le public silencieux subissant derrière le rideau fermé le concert de l'accordeur que l'on n'avait trouvé qu'à l'heure du dîner. Et puis, il y eut Fontainebleau. Joli petit théâtre. Georges Ollivier, qui ne devait pas avoir la conscience tranquille, clamait : « Vous allez avoir un piano magnifique ! »

Arrivée de la chanteuse et de son équipe sur le plateau. Lumière. Nous nous regardons, atterrés.

Elle :

– Qu'est-ce que c'est que ça ?

Le directeur tout fier :

– Ah, madame, il est d'époque !

Elle s'approche. L'instrument est entièrement peint, couvercle et flancs, de femmes nues, Vénus et autres déesses blondes, environnées de fleurettes et d'amours joufflus.

– C'est une œuvre d'art, messieurs dames !

– Bien sûr, bien sûr... Venez là, monsieur le directeur. (Elle assied le pauvre homme sur son tabouret.) Voilà, vous êtes là, vous chantez : « Il pleut sur Nantes », vous ouvrez les yeux, alors les seins de la dame vous sautent à la figure...

Après palabres à n'en plus finir, c'est elle qui trouva la solution : on loua chez Borniol une tenture noire dont on empaqueta l'œuvre d'art. Pendant son tour de chant, elle expliqua au public, ravi, les seins de la dame. Le directeur fut tout de même déçu.

Au gré des villes, il y avait des salles où l'on était content de nous voir partir. D'autres où on le fut de nous voir revenir. Mais il fallait que le machino soit très borné pour ne pas tomber sous le charme de la dompteuse : ou il était impressionné par la prestation, par l'énergie déployée, ou il admirait le succès obtenu. Et puis, une fois qu'on la connaissait, c'était sans risque : elle avait ses maniaqueries mais quand tout était réglé, elle ne bougeait plus de son piano. Dans ce temps-là...

Ce qu'elle aurait aimé, c'est voyager avec une caravane de quelques roulottes. Dans l'une son lit, sa lampe rouge, son étole de plumes, ses bracelets d'argent, ses boîtes à secrets, un tiroir plein de Zan et la télé pour regarder des films la nuit. Dans l'autre, on aurait couché le piano sur la moquette, éventuellement gardé par une panthère. Une troisième pour la troupe. Quand elle aurait dit : « Les enfants, on prend la route », on se serait senti gens du voyage et elle aurait eu « son » piano dans chaque ville.

Pour se consoler de ne pas être la reine du cirque, elle baptisa « roulotte » la Mercedes et y fit installer des rideaux. Pierre Tomasso le chauffeur prit pour quelques années la tête du cortège. Il sera l'un des hommes de la chanson « Mes hommes », celui qui l'appelait « patronne ».

Peu à peu, les conditions de travail s'améliorèrent : on emporta la « sono » – Pierre s'étant avéré un bon technicien s'en occupait – et plus tard les éclairages. Après Pantin (1981), la tournée partit avec un camion et une équipe technique au complet. Plus, enfin, le piano !

La valise de scène était prête en permanence. Deux ou trois costumes, guêpière, bas résille, escarpins de velours. Même lorsque Cardin, pendant quelques saisons, mit sa griffe sur la robe de scène, la ligne resta celle qu'elle avait voulue depuis le temps de *L'Écluse* pour dessiner sa silhouette. Avec quelques améliorations au fil des années : velours noir très souple, jupe longue serrée puis s'évasant, fendue à partir des genoux, caraco noir, manches longues, col dégageant la nuque. Sous les projecteurs, seuls se détachaient le visage, le cou de cygne et les mains pâles, virevoltantes.

À partir de 1967-1968, c'est Mine Vergez qui l'habille. Comme elle bouge de plus en plus, elle troque la jupe contre le pantalon très flottant autour des chevilles pour permettre les longues enjambées et les coups de fouet des fils de micro (tant qu'il y eut des fils...).

Quand approchait la date du départ, la frénésie des valises s'emparait de tout l'entourage, « valises » signifiant aussi bien l'espace environnant que la chanteuse avait besoin de transporter avec elle pour « se protéger ». Départ en tournée ou départ pour un théâtre parisien : toujours un voyage. Elle aurait aimé dormir dans les loges dès le début des répétitions, comme une nomade sous sa tente. Elle n'a jamais compris pourquoi ce n'était pas possible. Au mieux, elle dormait à l'hôtel le plus proche de la salle et sautait dans les coulisses dès que les règlements ou autres contraintes de sécurité le lui permettaient.

À Pantin, son rêve sera presque réalisé puisque, à proximité du chapiteau de deux mille cinq cents places conçu pour elle, on lui installera une loge dans une roulotte-caravane dont elle équipera l'intérieur comme une tente dans le désert…

Quels souvenirs de voyage rapportait-elle des villes, des nombreux pays où elle allait ? Des nuages vus d'avion, des enfilades de cités aperçues à travers une vitre de voiture, des couloirs de loges, d'anonymes chambres d'hôtel… Quand elle voyageait, c'était uniquement pour chanter, n'ayant dans la tête que cet espace clos de la scène, avec au milieu le piano noir, la musique, la voix, espace qui pour deux heures seulement s'ouvrirait sur le but du voyage : l'animal tapi dans l'ombre, la présence chaude et enivrante de la foule silencieuse et amoureuse venue pour elle.

Elle en rapportait la fatigue heureuse de s'être donnée et une moisson de visages. Visages tendus vers elle dans une salle qui vibre, visages qui disent merci, qui crient je vous aime, visages inoubliables.

Elle n'aimait pas garder de traces, se souvenir des dates, enfin c'est ce qu'elle disait. On pouvait voir pourtant sur un mur de sa maison une affiche sous verre, avec un air de très ancienne affiche de théâtre. Si le papier est jauni, c'est à cause de sa mauvaise qualité. Les caractères rouges restent difficiles à déchiffrer. On les devine, c'est de l'alphabet cyrillique. Elle était allée chanter à Moscou en

1973, accompagnée de Roland. Elle en est rentrée bouleversée. Les gens debout dans la salle puis lui parlant après son récital. Cette langue qu'elle n'apprit jamais mais qui hanta son enfance, elle avait l'impression de la comprendre, les mots remontaient d'un lointain passé, sa grand-mère de Tsirapol, l'aïeule Varvara, parfum d'exil... Et par un soir d'hiver, maintenant, comme retrouvés, ces regards aimants, avides, à la porte de la loge, ces mains la retenant, la touchant comme une icône, dans la rue la suivant, et les larmes de cette femme qui, ôtant son alliance, la lui mit dans le creux de la main en la bénissant.

Et l'Italie, qui a la part belle dans ses chansons, n'était-elle qu'un rêve de fuite pour des amants ? Elle s'est souvenue y être allée une première fois avec Hubert. (« C'est beau, le lac de Côme » est tout ce qu'elle en révèle !), dans une de leurs tentatives de réconciliation, entre Paris et Abidjan. Ils n'allèrent jamais à Venise. Le temps a coulé et le pont des Soupirs continué de se mirer dans l'eau du canal...

Elle retourne en Italie pour chanter. Avec Reggiani, « le Rital », en première partie. Ce sera une façon de roder leur spectacle commun prévu pour la fin de 1966 à *Bobino*. Milan, automne 1966, c'est au *Piccolo Teatro*. Ils sont invités par Paolo Grassi, un homme délicieux, compagnon de toujours de Giorgio Strehler. (Il sera plus tard directeur de la *Scala*.) Leur passage à Milan est un succès, devant un public fervent et respectueux. À l'étranger, elle a toujours le scrupule et la hantise de s'exhiber devant « de pauvres gens qui ne comprennent rien à ce que je raconte » !

Paolo Grassi veut qu'elle revienne pour plus longtemps en récital. Ce sera en novembre 1967. Deux semaines à Milan et une tournée dans plusieurs villes : Trieste, Turin, Gênes, Parme, Bologne. Pour lui faire plaisir, il a prévu

Venise, sachant pourtant qu'en novembre il n'y aura pas foule. Cet homme courtois et fou d'opéra veut rendre une sorte d'hommage à cette diva d'un autre monde en lui offrant pour un soir le théâtre de *La Fenice*. Ce sera, hélas, un rendez-vous manqué.

Le 6 novembre 1967 elle chante à Turin. Une heure avant le lever du rideau, nous sommes dans sa loge, elle se maquille pour la énième fois, se détend ou plaisante avec ses musiciens, Roland et Michel. Quelqu'un vient me chercher, on appelle de Paris. J'apprends qu'Esther, la mère de Barbara, est morte subitement dans l'après-midi. Si je lui parle, il n'y aura pas de spectacle. L'estomac noué, je me tais, tâchant de jouer mon rôle d'indifférente, le plus difficile auprès de cette extralucide qui d'habitude comprend tout... Je ne parle qu'à Pierre pour qu'il accélère le départ vers Milan après le concert. Il faut prendre l'avion demain matin très tôt.

Elle triomphe, elle est heureuse et gaie à m'en crever le cœur. Nous évitons de justesse une nuée de journalistes et de paparazzis qui l'attendent pour lui parler... de sa mère. Fuyons. À l'hôtel, d'une humeur de rêve, elle veut offrir le champagne... J'arrive enfin à lui parler dans sa chambre. Drame, cris, effondrement... Nous passons la nuit à téléphoner, pleurer, faire les bagages. Elle n'ira pas à Venise mais retournera dans un Paris sinistre de novembre noyé dans les brumes et la peine.

Dans une semi-inconscience, malade de chagrin, après avoir couché sa mère « au chaud de la terre », elle repart. À Gênes, grandes chambres blanches sur la mer, elle erre la nuit comme un oiseau de fièvre. Le voyage continue.

6

La somnambule

Nos parents. Ils sont là, nous entourent. Un jour, ils nous quittent ou nous partons. Mais un jour aussi, ils meurent. Se découvrir alors totalement démuni sans le rempart de leur présence, même lointaine. S'apercevoir que l'on a des socquettes blanches, un cartable sur le dos et des yeux pour pleurer, seul dans son lit la nuit. « Orpheline, que c'est bête à quarante ans… », dit la chanson « Rémusat ».

Lorsque disparaît celle que j'appelle la jolie dame d'Odessa, qui aimait tant « les lilas mauves et blancs », le chagrin est trop lourd encore pour se diluer dans les mots. Évoquée dans « Mon enfance », ou dans « Quand ceux qui vont », elle sera célébrée, chut, un doigt sur les lèvres, sans paroles, avec « Chanson pour une absente », étrange symphonie funèbre. L'orpheline n'aura su dire sa peine qu'avec cette musique lancinante. Elle seule saura ce qu'elle y cache de regrets et de « rêves d'enfant » jamais aboutis.

Esther la mère, cette petite femme élégante et fine, Nadine et moi l'appelions en riant « la Maman » ou « Barbie », pour imiter son ton timide et plaintif quand elle levait les yeux et ses sourcils surlignés de crayon roux sur sa « grande fille » et osait « Barb' » ou « Barbie » selon les effusions. Enchantée d'être la mère adulée d'une si belle artiste dont tant de personnes célèbres venaient lui faire l'éloge… Eux, ils ne pouvaient s'y tromper.

Elle-même avait mis le temps à y croire, à se convaincre que son indomptable, sa difficile, obsédée de piano et de vocalises, ne faisait pas fausse route. Dès que les premiers articles de presse étaient parus, elle s'était mise à les découper frénétiquement. Certes sa vie avait été exténuante, en deuil d'une famille lointaine et dispersée. Avec le succès inespéré de sa « Barb' », elle pouvait enfin se reposer dans la quiétude d'une vie aisée. C'était une des joies de sa fille de pouvoir répondre non seulement à ses besoins mais à ses caprices : « Voulez-vous des bijoux, maman, des fourrures, je peux tout vous offrir. » Les « caprices » étaient modestes, Nice et ses mimosas, thés et gourmandises entre vieilles dames juives survivantes… Mais le temps n'allait pas suffire à l'éblouir de tous les jolis présents qui lui avaient manqué dans sa vie de femme et dont la fille prodigue l'aurait si volontiers couverte.

Dans les *Mémoires*, Barbara dit à quel point elle a « adoré » sa mère (« Je l'ai toujours adorée, même si j'ai eu tant de mal à l'aimer ») mais n'a gardé le souvenir « ni d'une marque de tendresse ou de complicité de sa part, ni d'une simple promenade avec elle… » Ce qui est tout de même ambigu…

Elle laisse entendre aussi que sa mère, aux pires moments de son « enfance humiliée », lui a beaucoup manqué. « Mais comment faire pour lui parler ? » Il semble que leur seul moment d'intimité soit celui, rue Vitruve, qu'elle décrit ainsi : « Un après-midi que nous sommes seules, ma mère et moi, elle s'assied au piano, souriante, et me joue des valses de Chopin. J'ignorais que ma mère savait jouer du piano. Je pleure. »

Au lendemain de la mort et de l'enterrement du « vagabond », elle s'était mise à vouvoyer sa mère, tout en remarquant chez elle « les premiers et timides élans d'une maman qui vient de découvrir son enfant ». Quant au soir de novembre 1963, elle crée « Nantes » devant sa famille au complet, elle note : « Je chante "Nantes" ; ma mère trouve la chanson très belle. » Point à la ligne ! Rien d'autre à ajouter ? Non. Rien ne serait précisé et c'est la fille qui aurait « à charge » d'enfanter les mots et la musique pour expulser les non-dits et transfigurer les sombres silences en paroles d'or et de lumière.

Je me souviens qu'en ce début d'hiver 1967 nous qui vivions et travaillions avec elle redoutions les effets dévastateurs que le deuil de la mère risquait de provoquer sur sa vie quotidienne, professionnelle, sur sa santé physique et mentale. Toute personne qui perd un être aimé, si proche, a « droit » au deuil et au temps nécessaire pour l'accomplir. Toute personne... mais Barbara n'était pas une personne ordinaire. Si profondément vulnérable et violente à la fois. Oui, nous avions peur pour elle de cette nouvelle épreuve qui l'accablait. Combien de saisons et de souffrance lui faudrait-il traverser pour exorciser les démons qui n'allaient pas manquer de ressurgir ? La grande ombre du père ne serait pas de sitôt apprivoisée.

J'étais jeune alors, ayant déjà eu mon content de deuils douloureux, mais je me sentais plus forte qu'elle, assez forte pour « m'arranger » de mes morts. Sans doute étais-je aveugle à l'intérieur de moi, n'ayant pas encore trouvé les mots magiques pour faire jaillir le passé et rouvrir les plaies. Barbara, à trente-sept ans, s'étant écorchée à tant de ronces déjà, avançait pourtant, toute à la redécouverte du passé qui l'avait blessée. Moi, à vingt-cinq, je la regardais souffrir, ou tenter de cacher sa souffrance en usant de tous les stratagèmes à sa portée, et je me demandais combien de temps la somnambule longerait le vide sans tomber.

Depuis « Nantes », l'errante de la nuit nous raconte ses morts et nous fait pleurer sur les nôtres. Elle nous chante les jardins de silence, les forêts profondes et les grandes allées sans arbres. Avec elle, nous apprenons, si nous ne le savions déjà, que nous promenons nos morts avec nous, inquiets ou parfois effrayés qu'ils puissent ne pas « dormir tranquilles », nous les portons et ils nous pèsent, tant que nous n'avons pas fait la paix avec eux.

Depuis « Nantes », depuis qu'elle a trouvé les mots pour chanter la mort du père, l'orpheline accomplit un parcours de deuil à travers une suite de chansons prières, « leçons de ténèbres » qu'elle dédie aux morts bien-aimés. Ce pèlerinage musical a-t-il délivré la promeneuse nocturne des ombres qui « partout lui faisaient escorte » ?

En 1966 est née une superbe chanson bleu et noir « Au cœur de la nuit ». À la réécouter aujourd'hui, on est frappé – si l'on songe aux textes écrits depuis lors – par la densité des thèmes qui s'y cachaient, comme des secrets blottis entre les plis des mots ou entre les plumes d'un oiseau qui n'osait encore déployer grand ses ailes. La chanson, qui se déroulait au rythme d'une balade mystérieuse, on l'entend à présent comme les paroles d'un rite de passage.

Moi qui ne me souviens jamais d'un passé
qui m'importune
J'ai pourtant […] gardé le secret de cette nuit de silence
Une nuit de mon enfance… Il y avait une présence…
Au-dehors, un murmure, un sanglot étouffé […]
J'allais à demi éveillée, guidée par l'étrange murmure…
Allée obscure… bruissement d'ailes…
forêt profonde… bruit sourd venant d'outre-tombe…
Qui es-tu pour me revenir Quel est le mal qui t'enchaîne
Si tu veux j'irai encore […].
Pour qu'enfin tu puisses dormir…

Le voyage au creux de la nuit s'arrête là. Puis revient, comme dans « Nantes », la petite ritournelle du début, si joliment ciselée par l'accordéon de Joss Baselli, à notes si ténues que l'on entend, comme des pas dans la nuit, le bruit mat des touches qui s'enfoncent.

Ils sont terribles, les morts, ils reviennent, s'imposent, réclament. Elle n'avait que la célébration à leur offrir et ces marches inlassables, ces rondes de nuit pour trouver la musique et les mots qui, à force de patience et d'amour, les feraient dormir sous la terre et au fond du cœur.

A-t-elle erré longtemps « à demi somnolente » avant de s'endormir, belle au bois, auprès d'un lac ? Est-ce la même que l'on retrouve, quatre ans plus tard, quand soudain... « semblant crever le ciel, venant de nulle part »... a surgi « L'Aigle noir » ?

Est-ce du même « bruissement d'ailes » qu'il vient toucher sa joue et est-ce à cela qu'elle l'a « reconnu, surgissant du passé » ?

Elle lui demande :

Emmène-moi au pays d'autrefois,
Comme avant, dans mes rêves d'enfant.

L'aigle noir regagne son ciel, sans elle, mais il est l'image de sa délivrance. Le vagabond de « Nantes » a enfin trouvé le repos dans son cœur.

Il y a les cassandres, les pythies, celles qui savent. La somnambule marche en fermant les yeux mais elle connaît son chemin. Si elle ne dit pas l'avenir, elle sait et témoigne quand elle se réveille. Plutôt qu'oracles, ses paroles se font prières. C'est alors « Une petite cantate » pour son amie Benelli, pianiste de *L'Écluse*. Sa présence lui a terriblement manqué mais son ombre ne l'a pas importunée. Quelques notes, *si mi la ré sol do fa*, pour la garder assise devant le piano, épaule contre épaule. « Dieu qu'elle est difficile cette cantate sans toi. »

De célébration en ex-voto, les chansons qui disaient la mort sans la nommer, ont cheminé jusqu'en 1981, où la somnambule s'arrête pour regarder passer la « femme en dentelle » dans les rues « qu'elle traverse comme une ombre ». Portrait d'une femme « belle comme une épousée dans sa longue robe blanche », la chanson dit son nom : « La Mort ».

Ombre pâle parmi les ombres éteintes, elle va, « vient lorsque l'on pleure », s'éloigne parfois mais revient toujours, « la fidèle », comme elle vint un jour d'octobre 1978 se pencher sur le rêveur des îles Marquises. Est-il alors une chanson, est-il une musique, qui pourra dire l'absence de Jacques Brel, son ami, la plage déserte après la disparition de sa voile, là-bas ?

Plus tard.

7

Rémusat

Les maisons ne furent longtemps que des lieux de passage, lieux obligés où l'on pose ses valises, entre deux départs, deux adieux. Elle avait dû s'installer puis repartir tant de fois par le passé que l'errance était devenue son mode de vie, les maisons s'ouvrant comme des escales pour une nuit, pour un mois. Seul importait celui qui refermait derrière lui la porte.

Les objets, les souvenirs ne l'embarrassaient pas, elle les avait égarés dans tant de lieux quittés à la hâte, oubliés. Un jour, un homme aima la vagabonde et comprit que, puisqu'il ne pouvait l'avoir toute à lui, dans une maison trop lointaine dont il avait les clés, il était peut-être temps pour elle de poser ses bagages et son piano dans une maison à elle. Il lui offrit Rémusat. Rue large avec pour seul charme de toucher le pont Mirabeau, immeubles récents sans grand caractère mais étage élevé, balcon, soleil. Rémusat sonnait comme une victoire, comme Austerlitz ou Marengo.

« Hubert m'a installée comme une danseuse », disait-elle en riant mais elle lui en savait infiniment gré. Elle pensait « je rentre chez moi » et faisait cliqueter le trousseau de clés au fond du sac ou du manchon. Elle marchait pieds nus sur la moquette beige, tirait les doubles rideaux le soir, remplissait les vases de fleurs. Au creux des nuits où elle ne trouvait pas le sommeil dans la chambre bleue, elle allait, enroulée dans ses dentelles noires, s'asseoir à son piano, sous les regards bienveillants de Fragson sur la vieille affiche et de la Loïe Fuller dansant sur son poster 1900 des *Folies-Bergère.*

Rémusat fut sa maison pendant sept ans, petite, mais assez grande pour répéter avec deux musiciens en poussant les fauteuils. À part les très proches, à part Lucienne la nounou martiniquaise et les amoureux secrets, nul n'était reçu à Rémusat. Les tentatives de se faire accueillir dans le saint des saints ne manquèrent pourtant pas. Il n'était pas rare qu'elle trouve, le soir, attendant devant sa porte, une créature perdue ou éperdue, tenant à la main une rose ou un poème, souvent la détresse en bandoulière et chargée de questions douloureuses. Difficile d'y répondre autrement que par la porte qui se referme, gentiment mais sûrement. Elle était consciente des folles passions qu'elle déchaînait, des débordements affectifs que provoquaient ses apparitions sur scène. Elle a toujours tenté d'y remédier le plus doucement possible.

À Rémusat, il n'y avait pas d'animaux mais un rocking-chair noir qui, du jour où il y entra, devint son compagnon inséparable. Les heures où elle n'était pas à son piano, elle se réfugiait dans les bras du fauteuil à bascule. Pour parler, pour rire, pour regarder l'image sans le son de la télévision et même pour tricoter, avant Noël. « Je vais faire une écharpe pour un enfant qui a froid. » L'ouvrage s'allongeait, au gré des veilles et des tracs en coulisses. Mailles lâchées, trous, zigzags, l'enfant ne se réchaufferait pas avec cette écharpe-là mais lui ou d'autres recevraient pour Noël des cadeaux inattendus, sans savoir que c'était à Barbara qu'ils les devaient.

Elle a continué le tricot et ces ouvrages informes trimballés de loge en loge, pour calmer les peurs et se réchauffer les doigts. Quant au rocking-chair, qui toujours bercera son quotidien, il entra aussi en scène, d'abord pendant les répétitions comme trompe-fatigue, puis élément du décor, repeint en noir mat, partenaire pour accompagner « Seule » ou « Plus rien que le silence ».

Rémusat, lieu de paix, eut ses bonheurs secrets, ses baies ouvertes sur des matins flambant neufs, ses gais désordres de départs. Rémusat eut aussi ses « longues nuits désolées », ses volets clos : « Je n'y suis pour personne. » Alors le bleu sombre de la chambre devait ressembler aux lueurs sous-marines dont, sur scène, Barbara voulait être nimbée pour chanter « La Solitude ».

Je l'ai trouvée devant ma porte
Un soir que je rentrais chez moi...

Pas une jeune fille égarée ce soir-là, mais « la renifleuse des amours mortes », qui, derrière les persiennes, guette les lendemains d'amour. Elle la connaissait bien, n'avait plus peur de sa « gueule de carême » ni de « sa triste robe de moire ». Pour la chasser on la nommait « fatigue » et l'on tentait de s'en relever. Nuits obscures comme des puits, matins chagrins aux lueurs de neige où les vêtements, chiffons abandonnés, gisent au sol tandis qu'un vent aigrelet fait frissonner les rideaux...

Est-ce un de ces matins-là, entre brume et aube, qu'elle se releva sans le savoir, tituba jusqu'au piano, étonnée d'entendre les notes répondre à ses doigts ? Est-ce là qu'émergeant d'un sommeil sans mémoire elle trouva, ô surprise, des feuilles lâchées sur le piano, parcourues de mots, de signes ? Bribes de chansons attendant le jour pour naître tout à fait ?

Ça ne prévient pas ça arrive
Ça vient de loin
Ça s'est traîné de rive en rive [...] le mal de vivre,
il faut le vivre...

Elle s'asseyait devant le clavier puis collait sur la musique les mots épars. Après avoir rôdé entre musique et sommeil, la chanson était là, qui attendait sa voix.

Et puis un matin au réveil, c'est presque rien
Mais c'est là, ça vous émerveille...
La joie de vivre, la joie de vivre...

Rémusat retrouvait ses soleils, des brassées de fleurs fraîches envahissaient l'espace, tout pouvait recommencer.

De nombreuses chansons, enfants de longues nuits, sont nées à Rémusat.

Parfois, elle nous demandait de venir « faire le mur », non pas au sens militaire ou prisonnier mais au sens de « sois un bloc de silence à l'écoute ». « Et chut ! Tu me diras après. » Alors ce qu'elle nommait un « zinzin » sortait de sa gangue, émergeant des ribambelles de pages arrachées, froissées, réécrites, raturées... Les notes trébuchaient, se culbutaient, courant après les mots. Un air se dégageait, fredonné, la la la, petite valse. Hésitantes, les paroles se plaçaient, bougeaient, revenaient, répétées à l'infini... Comme par miracle le « zinzin » devenait chanson.

Un jour de novembre 1967, Rémusat ne fut plus sa maison, son abri. La disparition de sa mère la laissa pantelante, seul le travail la tenait debout. Elle se posait à Rémusat sans défaire ses valises et repartait le lendemain avec ses troupes. Un matin je suis venue la chercher, nous partions pour Bruxelles, Amsterdam ou Montréal, je ne sais plus. Elle dit en tirant la porte : « Rémusat, c'est fini, trouvez-moi une chambre d'hôtel pour mon retour. » De ce départ, elle fit une chanson d'adieu, et ne revint pas sur ses pas, comme chaque fois qu'elle quittait un champ de bataille…

Elle vécut deux, trois mois en haut d'un hôtel de la rue de Tournon, entourée de son bric-à-brac de bijoux d'argent, boîtes à malice, réserves de Zan, lunettes, peignoirs en dentelle, en attendant qu'on lui trouve un lieu. Le déménagement se fit sans elle, pour un duplex rue Michel-Ange, à deux pas de la porte de Saint-Cloud. Cette maison sur sa route fut une escale de trois ou quatre ans.

En 1967, Charley Marouani est entré dans la vie de Barbara. Imprésario de nombreux artistes et surtout de Jacques Brel qui les avait présentés un an auparavant, Charley, devenu l'agent attitré de « la grande », analyse en un clin d'œil la situation : si Barbara travaille sans arrêt et gagne beaucoup d'argent, elle a aussi la particularité de n'en avoir jamais sur son compte en banque. De plus, elle ne « possède » rien, pas le moindre morceau de mur ni le plus petit carré de gazon. Est-il temps d'aborder le chapitre « Barbara et l'argent » ? Il sera bref. Ce sujet l'intéressait peu. Elle n'en ignorait pas l'importance mais préférait ne pas « s'en occuper ». C'était son seul luxe.

Petite fille, elle louchait sur les escarpins vernis « avec une bride et un bouton » de ses compagnes de classe qui lui semblaient alors si « riches ». De sa grand-mère slave, elle dut entendre des histoires de fêtes somptueuses entre Vienne et Odessa, d'écuries de course, de calèches enrubannées, de casinos et de fortunes englouties. Ces images pailletées avaient basculé dans le passé des avant-guerres et de l'Europe d'autrefois. L'histoire de sa famille « réelle » commença avec l'exil et une pauvreté ordinaire qui, sans être la misère, ne lui donna pas pour autant le sens de l'économie !

Quand il y eut un piano à Rémusat et qu'elle se mit à gagner un peu d'argent, c'est-à-dire à réaliser son rêve de « pianiste chantante », l'opulence fut d'avoir une liasse de billets dans son sac et, ô merveille, un carnet de chèques ; puis de courir dans la ville pour en rapporter des merveilles, qu'elle s'empressait de distribuer avec une dramatique générosité. Euphorie de la soie et des dentelles, des parfums, des chaussures et des sacs à la douzaine... La première (et dernière) carte de crédit qui lui était tombée entre les mains avait engendré, on s'en doute, des catastrophes. Charley prit les mesures d'urgence qui s'imposaient. Très soulagée, elle disposerait à l'avenir de son argent de poche toutes les semaines, Charley et sa comptabilité tiendraient les cordons de sa bourse et on lui achèterait de force une maison avec ses économies. « Une maison à moi ? Jamais ! Je suis une nomade, une vagabonde ! »

8

Sa plus belle histoire...

Entre 1963 et 1968 le succès l'a enfin trouvée. Elle est devenue « Barbara », prénom lumineux au fronton des music-halls, double glorieux d'une petite Monique dont elle ne pensait qu'à déchirer l'image pour ne pas dire oublier l'existence. Est-elle pour autant devenue « elle-même », celle dont elle rêvait en pianotant sur les tables ? Pas encore. La femme qui chante et son reflet en petite fille mettront longtemps à faire coïncider leur image, pour s'apaiser mutuellement.

Ces années de consécration, curieusement, ou peut-être pas, sont celles des doutes et des peurs. Tandis que la réussite la réchauffe, qu'elle écrit ses plus belles chansons, que les portes s'ouvrent devant elle et les bras se tendent, couverts de fleurs, les accès de mélancolie se font les plus cruels. À plusieurs reprises, elle doit « se retirer du monde » et se cacher dans des lieux de silence pour reprendre des forces. Mais elle revient toujours pour l'ivresse de revivre et de remonter sur scène.

Le succès est devenu son habit de lumière. Plus le public grandit, plus l'habit est fragile. « Le succès n'existe pas, disait-elle souvent, il faut le refaire chaque soir. »

Au soir de son triomphe à *Bobino* en 1965, nombreux parmi les gens du métier avaient été pris de court car peu jusque-là misaient sur la cavale Barbara. Jugée ultraconfidentielle, voire intellectuelle, dotée d'un physique trop spécial – ils ne croyaient pas à sa réussite auprès du grand public. Elle était peut-être myope mais quand elle les vit tous défiler dans sa loge, sourire épanoui et superlatifs au bout de la langue, elle fit comme Dieu, elle sut reconnaître les siens. Très courtoise avec les autres, elle garda pour plus tard les flèches qu'elle leur décocha dans « Les Rapaces ».

Le soir de la générale où le Tout-Paris découvrait l'oiseau rare, Lucien Morisse, directeur d'Europe n° 1 put s'exclamer avec sincérité : « Pourquoi me l'avait-on cachée ? » Elle ne passait jamais sur la station. Quelqu'un avait dit à Barbara un jour : « Tu es sur la liste rouge. » C'est un couteau entre les dents qu'elle vint faire sa première émission sur Europe après *Bobino*. « Je voudrais voir le directeur ! » Quand on lui indiqua Lucien Morisse sur le trottoir de la rue François-Ier, en train de discuter avec quelqu'un, elle fonça sur lui : « Pourquoi suis-je sur la liste rouge ? » Il sourit : « On va réparer cela très vite ! » et elle fondit devant ce sourire, saisie d'une immédiate tendresse pour ce petit homme blond aux yeux pâles.

Plus tard, quand ils se voyaient tous les deux, comme sur un nuage ils s'éloignaient bras dessus bras dessous pour se confier des secrets. Il semblait se blottir à l'abri d'une grande aile noire et elle repartait rassérénée par les paroles douces, le regard de cet homme à l'apparence si fragile mais fort d'une telle volonté. Cette même volonté qui le conduirait un jour prochain à décider de sa « sortie » et à ne pas la manquer.

C'est lui qui l'amena jusqu'à la scène de l'*Olympia* en la priant de faire un « Musicorama » spécial en janvier 1968. Elle prépara cette soirée exceptionnelle du 22 janvier avec peut-être plus de soin et de passion que s'il s'était agi de chanter pendant un mois. Jusqu'alors l'*Olympia* lui faisait peur. Elle nourrissait surtout une rancune tenace envers son directeur, Bruno Coquatrix, qui n'était pas venu la voir à *Bobino* et ne cachait pas son scepticisme quant à une performance possible de Barbara sur « sa scène ».

Au « Musicorama », elle met deux conditions : premièrement, M. Coquatrix n'apparaîtra pas dans les coulisses, elle vivante ; deuxièmement, elle fera un récital. Bruno avait vu bien d'autres stars faire leur numéro : caprices, folies, elles en ont toutes. L'impertinence de celle-ci dépasse les bornes : lui interdire ses propres coulisses ! Si de loin elle croit l'apercevoir, elle lui lance : « Ah non ! Vous avez promis ! » Elle ajoute, mutine, parce que cela devient un jeu : « Vous voudriez bien savoir ce que je vous prépare ? Des plumes, du strass, quelques girls peut-être ? Patience ! »

Pour la première fois, elle a décidé de « bouger » en scène. À *Bobino*, en 1966, elle s'était levée pour déclarer au public : « Ma plus belle histoire d'amour... c'est vous. » Pour le « Musicorama », elle crée « La Dame brune » que Georges Moustaki a écrite pour elle et qu'il vient chanter à ses côtés. Elle chante encore « Gueule de nuit », créée pour Régine, déambulant sur la scène comme si elle avait fait ça toute sa vie. Elle va jusqu'à virevolter dans un genre canaille avec « Le Grand Frisé », une vieille chanson de Niquet et Lemonnier.

Quand j'danse avec mon grand frisé
Y a pas, l'a une façon d'm'embrasser,
J'en perds la tête, j'suis comme une bête...

L'orchestre est dirigé par Michel Colombier qui a écrit de très beaux arrangements. Autour du piano, Roland

Romanelli, Michel Gaudry et Michel Portal. Dans la première partie, Barbara a repris « La Complainte des filles de joie » de Brassens, « Sur la place » de Brel mais aussi « Les Amis de Monsieur » de Fragson et « Elle vendait des p'tits gâteaux » de Vincent Scotto, deux chansons de son répertoire 1900 dont elle fait des chefs-d'œuvre de drôlerie.

Soirée émouvante, inoubliable. « Ils » sont venus au rendez-vous de l'*Olympia*, ceux de *Bobino* et même ceux de *L'Écluse*, son public l'a suivie et lui fait une ovation. Dès l'entracte, M. Coquatrix voulut féliciter sa « vedette consacrée ». Il trouva porte de loge close. Ce n'était pas un caprice : elle ne voulut jamais voir « personne » avant la fin d'un récital, qui que ce soit, même le pape s'il avait eu l'idée de venir.

M. Coquatrix garda ses fleurs pour la fin quand, timidement, il vint lui avouer « qu'il reconnaissait ses torts » et qu'elle était merveilleuse. Il devint sur-le-champ « l'oncle Bruno ». Le soir même, Charley arrêtait les dates de son futur récital à l'*Olympia* pour le mois de février 1969. Le pari des grandes salles était gagné.

À la dernière de ce fameux passage à l'*Olympia*, Barbara stupéfie son public en annonçant qu'elle arrête la scène. Ses proches, les musiciens, ne sont pas moins étonnés ; elle les avait bien menacés de quelque surprise mais ils n'y croyaient pas. La tournée d'hiver prévue après l'*Olympia* sera une forme d'adieu. Elle respectera tous les contrats signés... Il ne faut pas lui en vouloir. Ce que le public lui a donné est si beau, si fort, elle a tant de respect pour lui qu'elle ne veut pas risquer de le décevoir. Au moment où elle fait cette déclaration, elle est sincère. Peut-être une grande lassitude, la peur de « radoter » ses petites chansons, comme la cousine de province qui revient chaque année distribuer ses étrennes.

Croit-elle alors qu'il va suffire de leur chanter : « Ma plus belle histoire d'amour… c'est vous » et de fermer le rideau ? Qu'elle pourra se reposer et s'en aller faire du jardinage et du tricot ? Même si elle a envie de se lancer dans d'autres formes de création, croit-elle qu'elle supportera de ne plus chanter « en scène » ? Se pense-t-elle arrivée au bout de la route ? Cette fois, pour une fois, elle se trompe.

Bien sûr, il y a Brel. L'exemple de Brel l'a bouleversée. Quand il décide de s'arrêter, il a quelques longueurs d'avance sur elle dans le métier. Il a tourné, roulé sa bosse et parcouru la terre à un rythme fou, beaucoup plus épuisant qu'elle ne l'a encore fait. Vagabonder de ville en ville, de pays en pays, ne plus rien voir ni personne, ne connaître que le costume trempé pesant à ses épaules quand il sort de scène et le goût amer de la bière du matin. Brel n'en peut plus. Le public, les ovations, il n'en peut plus. Il veut le soleil, partir sur son bateau, loin, plus loin que les bravos.

On est tenté de dire aujourd'hui qu'il ne s'est pas trompé et qu'il devait savoir que sa route n'était plus longue. Avant de quitter définitivement la scène et le contact avec le public, il fut Don Quichotte, l'homme de la Manche, un rôle pour lui. Aurait-elle voulu être sa « Dulcinée » et l'accompagner dans son rêve ?

Ils ne se voyaient pas souvent mais s'appelaient et chacun savait de l'autre où il était, où il chantait, comment allait sa vie. Entre eux, depuis longtemps, s'étirait une drôle d'histoire d'amour. Ils s'étaient peut-être connus en Belgique, en tout cas retrouvés à Paris, bien avant le succès. Et puis, le même métier, avec ses cahots, ses surprises, les a séparés. De temps en temps, leurs chemins se croisaient, dans une ville de France ou d'ailleurs. Ils ne se quittèrent jamais du cœur.

Elle n'en parlait pas. Elle a toujours refusé de répondre aux questions, avant et après la mort de Jacques. « On ne peut pas parler de lui, de même qu'on ne peut pas exprimer l'amour. » De son côté, Brel disait : « On est un peu amoureux, comme ça, depuis longtemps. » Pour eux l'évidence était de s'aimer « comme ça », sans chercher à savoir pourquoi, chacun se sentant peut-être de l'autre le jumeau inséparable qu'il aurait perdu dans une tourmente, un sort fatal les empêchant à jamais de se réunir.

Ils se ressemblaient en secret. Nous ne saurons jamais à quel point. Que ce soit dans la vie ou dans les chansons, on cherchera en vain une allusion à leur « amour ». Barbara n'est pas la femme ni même une femme dans les chansons de Brel. Il n'est pas l'homme de ses chansons. Ils eurent pourtant la volonté de partager un travail, une tranche de vie. Ce fut le film *Franz*, en 1971. Brel disait : « *Franz*, c'est une histoire d'amour médiocre, entre un gars et une fille au physique médiocre, à l'intelligence limitée, et qui ne sont pas à la hauteur de leurs rêves. »

Un beau film qui n'eut pas un grand succès et c'est dommage. Il laissera à la postérité le portrait d'un couple bizarre et impossible, émouvant et pathétique. Le seul témoignage d'une rencontre unique.

Le 9 octobre 1978, le rêveur des Marquises embarquera pour son dernier voyage, si jeune, à peine cinquante ans. Elle sera là pour lui dire adieu et le laissera voguer douze ans et « longer les mers et traverser les dunes », avant de lui adresser, de *Mogador* en 1990, une longue lettre sans rimes en guise de chanson : « Gauguin ». Une autre merveilleuse « cantate » où revient la pluie du deuil mais sous d'autres cieux.

Il pleut sur l'île d'Hiva Oa [...]
Il pleut sur un ciel de corail
Comme une pluie venue du Nord
Qui délave les ocres rouges
Et les bleus violets de Gauguin
Il pleut...

Les rencontres décisives, qu'elle appelait ses « belles rencontres », les êtres qui l'accompagnèrent un bout de chemin, elle les reconnaissait instantanément, savait les choisir, les séduire puis les garder au chaud de sa ferveur. Peu importait – cela était vrai pour ceux ou celles qui comptèrent le plus – oui, peu importait qu'elle les vît souvent, qu'elle eût une relation suivie ou épisodique avec eux. L'amitié, la connivence qu'elle partageait avec certains se situaient ailleurs que dans des relations normales, sociales ou habituelles. C'est ce qui en faisait la rareté. Maurice Béjart fut un des météores de son cœur, un très proche ami. Ils arrivaient à se rencontrer au hasard de leurs tournées, à Paris, Bruxelles, en Avignon... Fascination réciproque. Désir de travailler ensemble. Ils ne firent jamais le spectacle dont ils rêvaient pour eux deux mais il l'entraîna à Venise en 1976 pour un téléfilm, *Je suis né à Venise*, sorte de féerie chantée et dansée (avec le sublime Jorge Donn), composée pour et autour de l'amie de velours noir dont la présence en scène et dans la vie le bouleversait.

Un an avant *Franz*, l'aventurière s'est sentie comme une envie de brûler les planches d'un autre genre de théâtre. Que n'entend-on pas murmurer dans son sillage depuis qu'on l'a découverte : physique exceptionnel, silhouette de cygne noir, art de déambuler et de s'emparer de la scène sans avoir jamais pris le moindre cours de danse, présence magique, public subjugué, frissons, émotions… Elle ne veut plus chanter ? On va la consacrer actrice ! Ça l'amuse.

Rémo Forlani, qui la connaît bien, lui écrit une pièce sur mesure, *Madame,* histoire d'une ex-tenancière de maison dans une Afrique imaginaire dont elle a dû lui donner quelques idées. Elle évoluera dans le somptueux décor de Luc Simon qui l'a enchâssée dans un luxe d'ors vieillis et de brocarts fanés, dignes d'une reine de Saba de pacotille. Même le fauteuil à bascule a mis son costume de plumes et strass. *Madame* élit domicile dans le joli *Théâtre de la Renaissance* de Véra Korène. Le texte de Rémo Forlani pétille, Barbara a fait la musique des chansons d'amour, *Madame* est superbement déguisée de ses peignoirs affriolants, de bijoux, de coiffures, elle est belle… mais ça ne marche pas ! Le soir de la générale est même une catastrophe, la presse est féroce. Cette femme qui tient merveilleusement une scène quand elle la domine et arpente en dompteuse l'espace qu'elle a créé, la chanteuse qui fascine les foules n'est pas une actrice, ni Judy Garland ni Elvire Popesco… Décorée comme un sapin de Noël, enfermée dans des mots qui ne sont pas les siens, ce n'est plus elle, on la cherche, on ne la reconnaît pas, son public est triste. Le spectacle s'arrête après trente représentations. Nous sommes en janvier 1970. Bonne joueuse, elle dit ne pas regretter l'expérience, on apprend à tout âge.

Refaire sa valise. Continuer la route, tant pis pour les accidents de parcours. N'écouter à l'avenir que ses propres « forces » et pas le chant des sirènes d'un Tout-Paris mondain qui n'y connaît décidément rien en matière de vocations.

Le reste de l'année va lui apporter des consolations. Dans un album qui contient la très belle « Drouot », elle glisse une chanson à moitié ficelée dont elle n'attendait pas grand-chose et qui, orchestrée (un peu pompeux mais bien vu) par Michel Colombier, devient un « tube » sur toutes les radios et dans toutes les discothèques : une nouvelle génération va danser tout l'été sur « L'Aigle noir ».

Pour une chanteuse qui avait annoncé qu'elle arrêtait la scène, elle reste une star très occupée. Bien sûr, il y a les contrats signés, à l'étranger pour la plupart, mais alors pourquoi *La Tête de l'art* ? Rive droite, à Paris ? Trois années de suite ? Une bizarrerie, à moins d'imaginer qu'elle ne peut s'empêcher de chanter sur scène en novembre et décembre, et que Charley, qui veille aux finances, ne peut autoriser sa vedette à se mettre « en congé ». Ce que, de toute façon, elle ne supporterait pas.

Elle trouve le temps, en 1972, de graver deux albums, *La Fleur d'amour* puis *Amours incestueuses* et, en 1973, de faire une apparition remarquée en dentelles rouges dans *L'Oiseau rare*, film de Jean-Claude Brialy, bien accueilli. Elle y campe une actrice un peu folle qui a quitté la scène.

9

L'amoureuse

Fut-elle innocence
Fut-elle démence
Qui donc le saura jamais ?

« L'Amoureuse », seule chanson d'amour où elle ne se chante pas, est l'histoire d'une innocente qui veut aimer tout, trop fort. La mer, le vent, la nuit qu'elle croit étreindre. Un jour arrive un homme qui « la caressa tant et tant qu'elle en devint belle ». Mais l'homme voulut reprendre sa route…

Alors elle tendit le bras
Et son couteau se planta
Dedans l'infidèle
Puis calme elle se coucha
C'est ainsi qu'on la trouva
Morte dans le petit jour
D'avoir trop aimé d'amour…

Histoire belle et tragique dont l'héroïne est blonde aux yeux pâles. Si d'aventure elle avait été brune aux yeux de nuit, l'amour aurait été le même, fort à en mourir.

Notre brune amoureuse n'a tué personne mais s'est, comme son héroïne, « brûlée d'amour ». Elle sait « de quoi elle chante ». Déroulant la liste de ses états d'âme au fil des années, elle a trouvé les mots – et les notes – pour atteindre en plein cœur l'amoureux blessé ou passionné qui veille en chacun de nous. Elle a aussi réussi cet exploit de se révéler d'une impudeur totale dans ses chansons tout en sauvegardant son intimité et ses secrets.

Derrière chaque cri d'amour, chaque aveu, se dessine un visage – parfois plusieurs. Je n'en ferai pas un album de souvenirs, mais plutôt, à travers ses amours chantées, une histoire… sans cesse recommencée.

Cela débuterait un jour d'hiver. Ils s'aiment. L'amoureuse lui a ouvert les bras, c'est le temps des « chaudes amours ». Il est fidèle. Hélas, il annonce qu'il doit partir dans un pays lointain. « Je reviendrai au printemps, attends-moi mon amour. » Elle attend. Prête à aimer un homme, un seul homme ? Mais il tarde, elle est chagrine, lui chante « Dis, quand reviendras-tu ? ». Il tarde et il a tort. L'automne arrive, les premiers froids. « Je n'ai pas la patience des femmes de marins. » À la mi-novembre, c'est un autre qui frappe à la porte. Tant pis, elle ira se « réchauffer à d'autres soleils ». Ô surprise, c'est « Toi » qui es entré dans sa vie.

Avant toi d'autres sont venus
Mais toi ce n'est pas pareil,
Je t'aime…

Les saisons passent. Venise, Capri la belle. Ils s'aiment encore. Elle est la plus fine amoureuse. Car elle « sait ». Elle sait les autres. D'un seul regard, elle les transperce. Quoi de plus troublant, de plus exaltant que d'être vu comme il ne s'est jamais vu lui-même, compris au-delà de ce qu'il sait de lui ? En amour, voyante et sorcière, elle tisse ses sortilèges et impose sa loi. L'amour est exclusif, passionné, ou n'est plus. Je ne trahis pas, tu ne trahis pas. Les colères parfois sont terribles.

J'ai un couteau entre les dents
Ma bouche si douce crache du feu des serpents
La furie la folie je n'épargnerai rien, attends…

Beaucoup se sont brûlé les ailes à cet amour-violence ou n'ont pas compris ce qui leur arrivait quand tout à coup « elle les plantait là » et leur chantait : « Il a foutu le camp le temps du lilas… » Un moment d'inadvertance ? A-t-il parlé trop fort ? A-t-il eu le malheur de dire : « Je ne peux pas rester ce soir, je dîne avec ma femme ? » Ou, par hasard, s'est-il mis à faire des projets ? Difficile de savoir. Totalement énigmatique pour certains, elle fut souvent à l'opposé de ce que l'on avait imaginé d'elle : veillant quand on croyait qu'elle dormait, disparaissant dans la nuit quand on pensait qu'elle avait enfin trouvé sa place à la lumière.

Il viendra un autre « Toi » car :

À chaque fois, à chaque fois qu'on parle d'amour
C'est avec jamais et toujours
Chaque fois on refait le chemin
En ne se souvenant de rien…
Là est le secret :
S'aimer et mentir d'amour, à chaque fois…
Viens, je te fais le serment
Qu'avant toi y avait pas d'avant…

Il s'appellerait Pierre cette fois. Qu'il n'oublie pas la maison à la campagne, le jardin sous la pluie et la remise. Tiens, il a eu raison de faire entrer un piano dans le salon, elle ne serait pas restée. Attention : qu'il ne prenne pas l'habitude de rentrer tous les soirs si tard, elle pourrait se lasser de jouer les femmes fidèles et de fredonner ti la la, ti la la...

L'amour apaisé elle peut le vivre aussi, le temps d'une ou deux chansons, pas plus. Elle lui murmurera « Je ne sais pas dire je t'aime... » en fredonnant une musique inventée pour lui. Ou s'en ira au petit bois, douce compagne, le « laissant endormi au lit de notre amour », pour lui « cueillir les premières fraises des bois ». Ne pas trop s'y fier. Cette femme est un haut risque, il faut le savoir.

D'aucuns eurent des surprises. Avaient-ils une idée préconçue ? Pensaient-ils apprivoiser la panthère, décidant pour elle d'une vie qui lui conviendrait tellement mieux que la sienne ? Ou s'attendaient-ils à des messes noires avec vapeurs d'encens et hululements d'oiseaux lâchés au ciel du lit ? Dans les deux cas, l'échec était garanti.

Des mauvais choix, elle en fit aussi. Elle en revenait le plus vite possible, dans les fous rires étouffés, dès que les pas s'éloignaient dans le couloir... « On n'a plus qu'à changer les serrures et le numéro de téléphone ! Le pauvre, il me trouvait si exotique... » Beau rire cristal.

La valise était toujours prête. S'en méfier car là-bas pouvait arriver l'« Indien » avec ses cheveux de soie. Elle prévenait :

Il n'est pas meilleur que toi
Tu es aussi beau que lui
Mais je ne sais pas pourquoi
C'est lui !

Et puis, à chaque fois, à chaque fois, elle s'en allait ou montrait la porte. Elle quittait certes mais savait aussi garder un lointain pouvoir sur « ses hommes », certains en tout cas, ses préférés. Qu'ils n'oublient pas qu'un jour, autrefois, c'était elle qui peut-être les avait le mieux connus, le mieux aimés. Beaucoup... Passionnément... Moments de violent bonheur, « pourpre, or et bleu ». Plus rien que le silence et l'instant unique, à chaque fois... Le silence étale du plaisir au matin, quand à peine le jour vient de se lever.

La belle amour ? Il est vrai que la chanson s'appelle « À peine ». Il suffit de trois fois rien, à peine un souffle de vent, un mot, un changement dans le ciel de ses humeurs et tout peut chavirer.

Savoir trancher, savoir faire mal et avoir mal pour garder intacts un secret, une image. Les divorces sont peut-être, en amour, ce qu'elle a le mieux réussi. Des années après, ceux qui l'avaient aimée l'aimaient encore et ne se souvenaient pas forcément de lui en avoir voulu.

Un jour elle leur écrivit une chanson-manifeste qu'elle aurait pu agiter à chaque rupture :

C'est parce que je t'aime
Que je préfère m'en aller
C'est mieux bien mieux de se quitter
Avant que ne meure le temps d'aimer...

Sa hantise de toujours : l'ennui, le mortel ennui de l'histoire qui s'étire, de l'effritement. La peur des lendemains matin et du regard de l'étranger qui boit son café et parle de vacances aux sports d'hiver...

C'est parce que je sais qu'il faut un presque rien
Pour défaire une nuit et se perdre au matin...

Ne croyez pas qu'elle sortait triomphante de ces amours tranchées plutôt que de « tomber à genoux dans le soir finissant »... Les intersaisons de l'amour étaient des déserts où rôdait la louve égarée. Mais elle ne regrettait jamais d'être « partie », ne revenait jamais sur un champ de bataille faire l'inspection des blessés. Ils s'en sortiraient... Quant à elle, même meurtrie, elle aspirait déjà à un autre instant fulgurant.

Reprenant son souffle, tout de même :

Attendez que ma joie revienne
Et que se meure le souvenir
De cet amour de tant de peine
Qui n'en finit pas de mourir...

Sous les cendres la braise sommeille. À chaque fois, à chaque fois, tout recommencera. Le manège reprendra de la vitesse, et tournera, tournera... Et puis, celui qui surgit est un amour impossible.

Il avait presque vingt ans
Fallait voir sa gueule
C'était bouleversant...

Elle fait semblant d'y croire « trente jours et tant de nuits ». Quel âge a-t-elle ? Trente ? Trente-cinq ? Elle ironise :

J'aime beaucoup les enfants
J'ai l'esprit de famille...

Et le regarde partir, le cœur serré – comme Colette dans *Chéri* – avec une autre, « elle avait presque vingt ans, vingt ans, le bel âge ».

Plus tard : quarante ans, elle le dit. N'ironise plus. « Mon amour, mon beau, mon roi. » Si beau, si inattendu,

Coll. part.

La petite robe de laine et les rosiers blancs. Barbara en 1932.

Coll. part.

« Elle avait presque vingt ans… »
Jeune fille aux cheveux longs, 1949.

Archives Barbara Perlimpinpin. © Marcel Imsand, Lausanne.

Un après-midi dans la loge. *Théâtre Beaulieu*, Lausanne, 1966.

Barbara essaie des costumes découverts dans une loge. *Théâtre Beaulieu*, Lausanne, 1966.

Théâtre Beaulieu, Lausanne, 1966.

Retour à Göttingen, novembre 1967.

Répétition à Göttingen, 1967.

Archives François Laffeychine. © Libor Sir.

Répétition au *Casino* de Saint-Malo avec Marie Chaix, été 1967.

Archives François Laffeychine. © Libor Sir.

Promenade le long de la mer à Saint-Malo, été 1967.

Göttingen, 1967.

Coll. part.

Barbara et Marie Chaix à Saint-Tropez
durant la tournée d'été, 1967.

Archives Barbara Perlimpinpin. © Marcel Imsand, Lausanne.

Sur un banc à Montreux, 1970.

« Ma plus belle histoire… » À gauche : *Olympia*, 1969.

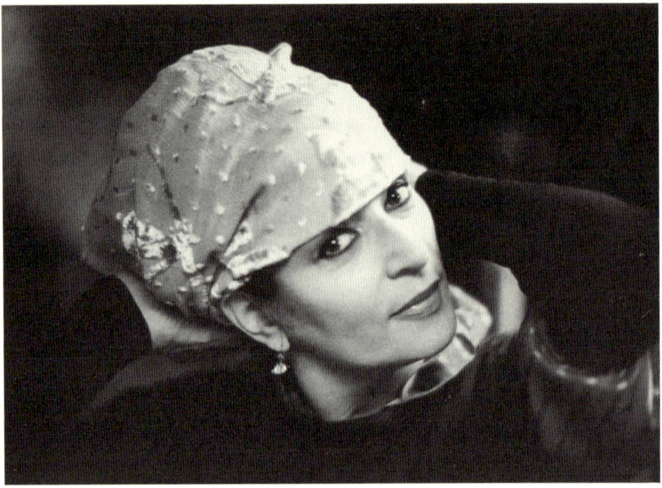

À Précy, automne 1989.

Le jardin de Précy, 1989.

À Précy, 1989.

© Claude Picasso.

« À chaque fois, à chaque fois qu'on parle d'amour... » 1980.

À *L'Écluse*, confidentielle... Dessin de Luc Simon.

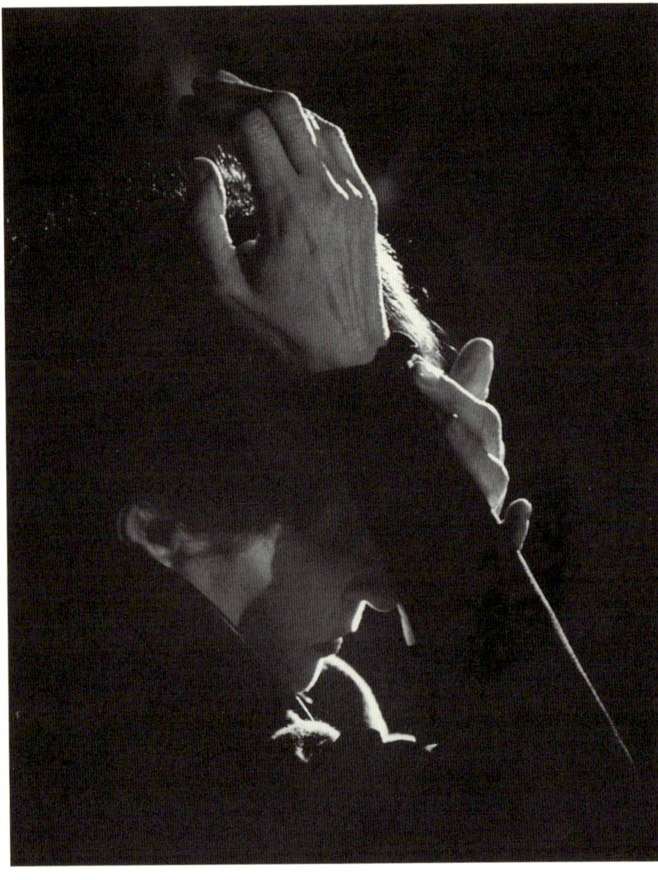

À Précy, 1990.

amour presque incestueuse. Elle « ne voulait plus personne, elle marchait vers le silence, » mais :

Tu as couché tes vingt ans à ma quarantaine
À peine nées, déjà condamnées,
Les amours de la désespérance...

Elle n'ironise plus car il se fait bien tard. Elle ne peut que partir, une fois encore mais c'est à regret et « au plus beau, pour cacher sa peine ».

Le « Toi » qui apparaît plus tard dans « L'Amour magicien » a perdu le clinquant des premières amours, des toujours toujours, ses cascades de piano et d'accordéon. Il est devenu :

Toi au bout de ma vie que viens-tu chercher
À l'heure où mes lampions s'éteignent...
Toi, l'amour magicien...
Mais tu viens si tard...

Pourtant, elle est sereine et quand elle dit « au bout de ma vie » on n'a pas envie de la croire. Ni quand elle chante :

Il fallait qu'un jour
Pour moi ce soit la fin du voyage...
Amour magicien, passe ton chemin
Ma fête est finie...

L'histoire de l'Amoureuse, commencée un jour d'hiver, ne finira pas dans cette mélancolie. Elle ne finira pas car amoureuse toujours elle restera. Même tard, très tard, quand courageusement elle atteindra les « Sables mouvants » et qu'elle n'en aura pas peur : « Et dans le vide où je m'avance, un peu cassée. »

Cassée peut-être mais prête pour un ultime voyage à deux :

Dans une vie recommencée
Tu pousses doucement ma porte
Entrebâillée
Et j'ai tout le ciel en escorte
Pour voyager...

Même si le soir tombe sur sa vie, pour une fois elle préfère « ne pas s'en aller » et simplement s'attarder dans une lenteur de fin de saison : « Avant que plus loin notre vie à la dérive soit emportée, avant, oublions tout... »

L'Amoureuse aimait les hommes, elle avait besoin d'eux autour d'elle. Séductrice et dompteuse, elle a su les choisir. Aucun ne lui a imposé sa loi. Amoureuse de l'amour plus que des hommes, elle a fait ce qu'elle a voulu d'eux et avec eux, décidant de leur relation, de la longueur de celle-ci et de sa rupture.

Désirant follement être aimée, elle le fut. Quant à son besoin d'aimer, elle en connut vite l'étendue et les limites. « Je crois à la passion, disait-elle dans une interview, parce que je n'ai pas le talent de l'amour. J'ai vécu de brûlants échanges, je n'ai pas partagé les jours après les jours. J'étais amarrée à autre chose, j'étais ailleurs. Je suis une solitaire, c'est vrai[1]. »

Cet « ailleurs », elle le trouvait dans le repli sur soi qui lui était nécessaire pour repartir vers d'autres conquêtes, elle le trouvait surtout en scène, où la femme et l'artiste se fondaient en une seule créature prête à tout donner.

1. *Télérama*, 1996.

L'apaisement la surprit sur le tard, après des années de peur, en même temps que la confiance dans cet amour qui lui venait en retour, non pas de la part des hommes mais de cet « amant aux mille bras », son public, le seul qui lui apporta la satisfaction absolue. Sa plus belle, sa plus exigeante réussite en amour.

10

Un amour

Ce temps-là était encore celui de la belle innocence des années soixante (enfin, pour moi), celles d'avant le Mai célèbre qui allait changer beaucoup de choses. J'avais l'âge du bel âge, comme dans la chanson, et travaillais auprès de Barbara depuis quelques mois. La vie était si intense et bousculée que nous vivions au présent de chaque instant. Ce n'est que bien plus tard que je reconstituerais leur histoire.

J'avais déjà entendu parler du voyageur d'Afrique de la bouche de Barbara, avec toutes sortes de gloussements et d'allusions éloquentes qui me renseignaient peu et ajoutaient au mystère du séducteur inconnu. J'avais cru comprendre, car rien n'était nommé précisément, que la chanteuse et le peintre avaient vécu une passion mal cicatrisée, j'avais vu sur les murs, chez elle, des petites toiles qui m'intriguaient.

Nous sommes rue Rémusat en ce printemps 1966. Je pourrais le dessiner cet appartement-refuge de ma « patronne » : l'entrée, tapissée de tissu à impressions cachemire bleu nuit et noir comme la chambre, petite et sombre, où l'on se croirait à l'intérieur d'un coffret précieux. Entre les deux, le living blanc lumineux, canapé et fauteuils de velours vieil or. Sur la droite en entrant, la demi-paroi percée d'une lucarne par où l'on aperçoit le piano noir qui remplit tout l'espace de la loggia. Fleurs, bijoux d'argent, meubles noirs 1900, miroirs ovales...

Nous sommes réunies, Barbara, Nadine et moi, peut-être un dimanche, pour rire, deviser et parler travail. Nous attendons sa visite, Barbara l'a annoncé de retour d'Afrique. « Il faut que vous connaissiez Simon », nous a-t-elle dit, puisqu'elle ne l'appelle que par son patronyme, Simon.

La sonnette retentit et le voilà. Je me souviens de ce que j'ai pensé en le voyant s'avancer : cet homme est incroyablement beau et élégant. Je comprends tout : pourquoi elle et lui se sont aimés, pourquoi il est parti et pourquoi il revient mais que c'est fini, page tournée, leurs regards disent que c'est fini. Ce que je ne pouvais soupçonner alors quand je les voyais côte à côte si complices, si fluides dans ce rapport d'amitié fidèle, ce sont les quelques années de passion et de tourments auxquelles ils avaient survécu, apparemment indemnes.

Il est irrésistible. Grand, mince, visage et sourire éclatants, une tête de jeune premier qui aurait bien mûri. Chemise et cravate, blazer croisé impeccable, c'est un homme qui sait faire son entrée et des baisemains aux dames... Qui est cet animal ? Quarante-deux ans, drôle, gentil, bavard, cultivé. Je ne tombe pas amoureuse mais je pourrais. Je ne le connais pas. Voyons, laissons-le arriver, un rien théâtral avec sa brassée de roses rouges pour « la Diva » et une rose pour chacune des « suivantes ».

Avec lui Barbara a cette familiarité fine et insolente, cette coquetterie capricieuse et complice que je la verrai plus tard entretenir avec certains hommes de sa vie, coups de griffes et vouvoiements, séduction possessive qui signifie encore : « Attention, chasse gardée, tenez-vous le pour dit, mes petites ! »

Je ne sais plus ce que nous nous sommes dit cet après-midi-là, mais ce fut joyeux, amical, tendre. À un moment,

Barbara dut lancer un souhait qui chez elle équivalait à un ordre incontournable : « Simon ! j'ai une terrible envie de belons ! » Je nous revois tous les quatre un peu plus tard assis sur la moquette autour d'un immense plateau de fruits de mer.

Avec juste ce qu'il faut de hasard pour qu'ait lieu ou non une rencontre, Luc Simon se trouve à Abidjan en 1961 pour décorer une boîte de nuit. C'est ainsi qu'il arrondit ses fins de mois d'artiste-peintre et assouvit ses désirs d'Afrique. Elle n'est plus à Abidjan, mais il rencontre Hubert B.

« Un drôle de mec qui se disait conseiller du Président, racontait Luc. Peu importe, il avait du panache, vivait à l'aise dans une agréable maison, entouré de boys de différentes ethnies. Il m'invita à rester chez lui et, soir après soir, nous avons dû beaucoup boire et beaucoup parler... Hubert aimait les artistes, il avait quelques disques de variétés. Un soir, il me fait écouter une chanson en précisant :

« – Ça devrait te plaire, avec tes antécédents. (Luc est le fils du grand maître verrier de Reims, Jacques Simon.) Il s'agit des "Bâtisseurs de cathédrales" d'une certaine Anne Sylvestre.

« Puis un autre 45 tours avec quatre chansons, dont "Le Temps du lilas".

« – Celle-ci non plus, tu ne dois pas la connaître, continua Hubert, moi un peu mieux : c'est ma femme.

« Les choses n'avaient plus l'air d'aller trop bien entre eux, elle refusait de vivre à Abidjan. Ça ne m'emballait pas d'entendre ses confidences, mais un jour, il me dit :

« – C'est drôle, plus je te connais, plus je pense que vous vous ressemblez, Barbara et toi. Tu es comme son double masculin, totalement passionnel et impossible à vivre.

« Quand j'ai dit que je rentrais à Paris, Hubert m'a demandé d'aller la voir de sa part… Qu'avait-il en tête ? Ce n'était pas très clair ! Mais je me sentais investi d'une mission. Elle chantait à *L'Écluse*. Je l'ai trouvée… intéressante. On s'est revus plusieurs fois à la *Boule d'or*, place Saint-Michel. Elle voulut voir mon atelier et puis là où j'habitais. Ça devenait délicat… J'ai envoyé un premier télégramme à Abidjan : "Écoute, tu ferais bien de revenir…" Elle, pendant ce temps, minaudait, ondulante et comique : "Oh, ne vous gênez pas, je dormirai sur le canapé…" Donc, un second télégramme : "Radine et vite ![1]" »

Suite de la chanson vécue rapportée par Luc : « Il est revenu mais trop tard ! Il m'a donné rendez-vous dans sa chambre au *Lutetia*, whisky et brève négociation :

« – Tu viens faire un marché avec moi ?

« – Quel marché ? Je t'ai prévenu, tu ne répondais pas. Cette femme me touche et… je ne sais plus quoi faire.

« – Oh, eh bien, prends-la ! Au fond, c'est fini entre nous. »

Comment vont-ils s'accorder ces deux-là ? L'une, exigeante, qui s'envole la nuit dans son habit noir et l'autre qui s'enferme le jour, vêtu de son costume blanc d'artisan peintre, dévoué à son art et pas seulement : à la garde d'une enfant fragile et à toutes sortes de bonnes œuvres dont *L'Humanité dimanche* à vendre tous les dimanches… Elle n'a pas de santé, il en a pour deux, peut-être un temps, jusqu'à une certaine limite. Mais de limites, il n'est pas question quand on se lance dans l'amour fou.

Ils vont le vivre, cet amour-là, pendant près de trois ans.

1. Entretien avec Luc Simon, 1998.

Il a trente-six ans et elle trente et un, ils sont tous deux à un moment essentiel, créatif, fougueux, dramatique de leur vie. Ils sont beaux, minces, violents et violemment amoureux. Certes ils vont « vivre ensemble » mais deux vies, dans deux maisons, exerçant deux arts différents, animés de deux forces qui peuvent s'unir, s'entrelacer pour s'éblouir mais aussi se heurter, se blesser, se fracasser dans des éclats de pierres et des volées de plumes. Deux délires proches et opposés, blanc et noir, jamais gris. Deux folies combattantes, deux écorchés vifs qui craindront parfois de s'entre-tuer mais renaîtront de leurs cendres, chacun à la fois épuisé et renforcé par l'autre.

Il l'a beaucoup peinte et dessinée. Ils se sont beaucoup écrit et certaines des lettres sauvées des naufrages sont des trésors. Ils ne se sont jamais vraiment perdus. Il a créé les décors somptueux de *Madame*. Il l'appelait Diva et aussi Reine, il se voyait et se peignait en Chevalier, le devint d'ailleurs dans le film de Robert Bresson *Lancelot du lac*. Il fut aussi l'ami de Jacques Brel qu'il dessina en *Homme de la Mancha*...

Quand, en 1998, il tomba, dans *Il était un piano noir*..., sur les deux lignes que la « mémorialiste » lui consacre page 155, à savoir « rencontre très importante avec le peintre Luc Simon qui me fera découvrir la peinture », il traça un point d'exclamation dans la marge et se dit qu'elle devait avoir eu ses raisons pour observer une telle pudeur ou vraiment manqué de temps.

Et pourtant, au creux de l'été 1997, il est dans sa maison de Lucy-sur-Yonne et reçoit un appel :

– Ici Barbara, je vous téléphone pour savoir s'il vous reste des toiles des *Moralités légendaires* ?

Lui, en pleine distraction – cela fait des années qu'elle n'a plus donné signe de vie – ne la reconnaît pas.

– Madame, excusez-moi je suis à ma campagne et…

– Je sais, je sais… (Éclat de rire au bout du fil.) Mais enfin, Simon ! C'est Barbara, la chanteuse ! Écoutez-moi ! J'ai retrouvé votre catalogue de ces *Moralités* (1986) c'est tellement beau… Je veux vous acheter une toile… (Sans le laisser répondre.) Attendez, Sim', il y a une lettre de vous dans le catalogue, je ne l'avais jamais lue ! C'est bouleversant…

Il n'en revient pas, il est fou de joie. Sa voix ressurgit, claire et rieuse. Elle lui dit qu'elle est en train d'écrire ses souvenirs et que, d'ailleurs, il faudrait absolument qu'elle le voie, elle viendra à l'atelier… Il dit : « Je suis en plein déménagement d'atelier. Dans deux ou trois mois, je pourrai vous recevoir comme vous le méritez et… »

Cet été-là, elle appela tous les amis, amies et anciens amants qu'elle pouvait trouver, tous également fous de joie de l'entendre si fraîche, pour qu'ils l'aident dans sa pêche aux souvenirs, aux dates, pour leur lire des passages de sa vie.

Nous fûmes nombreux en cet automne 1997 à manquer le dernier rendez-vous et Luc Simon ne la revit pas non plus.

11

Précy-sur-solitude

« Une maison à moi ? Jamais ! » avait-elle dit. Mais quand on lui trouva Précy en 1972, elle ne résista pas.

Précy est un vrai village. Au milieu du village est un jardin où court la glycine, où embaument les roses, les pivoines et la menthe. Quatre bâtiments l'ont enclos comme un secret. Précy est la maison qui l'attendait. Au-delà des murs couverts de buissons ardents, Précy est le reste du monde, rues calmes et clocher qui sonne les heures.

Silence
Juste le clocher qui sonne minuit
Les oiseaux de soie qui se glissent
Près des pivoines endormies
Et les glycines qui frémissent
Jardin Ô jardin de Précy
Ô ma merveille Ô mon pays.

Précy ne sera pas une escale, c'est sa demeure. Elle y vivra jusqu'à la fin de sa vie, c'est-à-dire pendant vingt-quatre ans. De Rémusat en passant par Michel-Ange, l'ont suivie Fragson et la Loïe Fuller, le piano, cela va sans dire, les miroirs, les bijoux d'argent, les boîtes, les meubles à tiroirs. Le fauteuil à bascule s'est multiplié car la maison est plus grande. On le trouve au bord de la cheminée dans le salon aux couleurs d'ambre qui s'ouvre sur le jardin ; il est à l'étage, dans la chambre au plafond aérien, tout en recoins de bois et de poutrelles ; on le trouve aussi dans le « théâtre » qui occupe une aile du bâtiment. Le « théâtre » est une ancienne grange, vaste pièce nue rectangulaire, à un bout de laquelle une scène a été aménagée, podium où trône à demeure le quart de queue entouré d'instruments, de micros, de colonnes de son. Là, Barbara répète ses tours de chant, ses spectacles, seule ou avec ses musiciens. Très vite l'endroit sera baptisé « La Grange aux loups ».

En arrivant à Précy, elle comprit que cette maison était la sienne et qu'elle n'en aurait pas d'autre. À l'évidence, c'est à Précy qu'elle accueillerait son compagnon bien-aimé. Elle avait longtemps attendu de trouver le cadre qui lui convînt. Elle lui fit une chambre blanche à côté de la sienne et pourrait le visiter à travers ses nuits de veille. Beau, immense et noir, c'était déjà lui qu'elle apercevait autrefois, brillant comme du Zan, au bout de ses rêves de pianiste chantante…

Barbara vit seule. À Rémusat, elle vivait seule déjà, les amours surgissant puis se retirant comme les marées. Elle se retrouvait, un beau matin, « le rire en coin », de nouveau seule et soulagée de l'être, prête à reprendre sa route de louve. La solitude, c'est aussi l'univers où l'on choisit d'habiter, l'île déserte qui effraie certains mais où elle, pour sa part, a trouvé le repos.

Lors de son installation à Précy au printemps 1973, plus d'un pensa qu'elle ne se ferait pas à cet isolement, différent de celui de la ville. Précy, devait-elle savoir mieux que quiconque, deviendrait son royaume, dont les remparts bruissant d'oiseaux protégeraient sa liberté neuve.

Mes secrets sont pour vous
Mon piano vous les porte
Mais quand la rumeur passe
Je referme ma porte...

C'est très simple : il faut la laisser tranquille. Elle a voulu sans doute le succès, recherché l'amour du public, mais sans jamais courir après la « célébrité » et sa cohorte de corvées, dont tant de vedettes se plaignent mais sans lesquelles elles croiraient ne pas exister. Aussi n'a-t-on jamais trouvé sur elle de reportages anecdotiques – « Barbara nous reçoit dans sa maison » ou « Barbara et Depardieu : mieux que la passion » – images d'Épinal modernes dont certain public raffole. Cela ne lui allait pas. Pas son genre. Ceux qui l'ont approchée, l'ont aimée, ont vécu près d'elle le savaient et jamais il n'y eut d'indiscrétions ni de ragots concernant sa « vie privée ».

Une belle histoire enflamme les premiers mois de Précy, rencontre d'amour et de travail. « Je l'avais rencontré dans un bar, sur une planète vraiment bizarre... » écrira-t-elle plus tard dans une de ses « chansons vécues » « L'Homme en habit rouge ». Il a vingt-cinq ans, elle quarante-deux. Une Solange, au nom prédestiné, qui travaillait à l'*Alcazar*, boîte « branchée » du Paris des années soixante-dix, a eu l'idée de les faire se rencontrer. Il s'appelle François Wertheimer, auteur, acteur, chanteur d'un tout autre style qu'elle ; rien n'aurait dû forcément les rapprocher sinon qu'un peu en panne d'écriture... elle cherchait des idées... et c'est lui qu'elle trouva. Ces deux-là se plaisent.

« Et on a chanté quasiment tout le reste de la nuit, raconterait-il plus tard, chacun son tour au piano. Le lendemain, je suis revenu. J'ai commencé à écrire un texte ; elle m'a demandé tout un album. Et je suis resté[1]. »

Pendant plusieurs mois, durant ce premier été à Précy, ils vivent et travaillent ensemble et ce sera l'album *La Louve*, avec entre autres « Marienbad » et « L'Enfant laboureur ». Une belle osmose : il a su, avec un parfait naturel, écrire des textes qu'elle aurait pu écrire… peut-être. Il a été la vitalité dont elle manquait à ce moment-là et l'a relancée dans un univers poétique et musical où la femme de quarante ans a recouvré une confiance. Cet album accueille une autre collaboration, celle de William Sheller aux arrangements ; il apporte aussi un renouveau de couleurs orchestrales.

Par une nuit d'hiver en 1977, elle est réveillée par des miaulements déchirants et des coups de griffes contre la porte de sa chambre. Levée en sursaut, elle ouvre à l'un de ses trois chats et prend conscience qu'en bas, la maison brûle. Les flammes et la fumée envahissent déjà l'escalier. Elle parvient à sortir, par un grenier croit-elle, car elle ne se souvient plus, et se retrouve pieds nus, dans les rues désertes du village, appelant au secours. On saura plus tard que le feu a pris dans la cuisine à la suite d'un court-circuit, a progressé sans qu'elle entende ni sente rien. La petite chatte affolée, morte ensuite dans les flammes, l'a sauvée. Toute une aile de la maison fut dévastée, sa chambre un peu moins touchée et le grand piano indemne. Mais Fragson et la Loïe Fuller ont péri dans le sinistre.

Il ne restait plus qu'à fuir ; Charley lui improvisa une tournée. Elle répéta dans le « théâtre » où le feu n'était pas allé, au milieu des experts et de débris noircis puis se

1. Valérie Lehoux, *op. cit.*

sauva pour quelques mois, en attendant que la maison reprenne son visage ami.

Vivre seule, s'isoler ainsi du monde, c'est comme s'habiller en noir, suspect. Alors on cherche à savoir ce que cela cache. Là encore, tentant d'expliquer l'inexplicable, elle écrit une chanson pour les poseurs de questions : « L'Enfant laboureur ».

Qu'on ne touche jamais
Aux folies aux orages
Qui chez moi naissent et meurent
Entre passion et rage…
Que l'on ne décide pas
De mes joies de mes larmes
À chacun ses soleils
Et à chacun ses drames…
Que jamais on n'écoute derrière mes volets
Pour cueillir un piano ou voler un secret…

Autrement dit, en musique : « Si vous m'aimez un peu, fichez-moi la paix ! Et si la déraison est ma raison de vivre, laissez-moi déraisonner à ma guise. »

« La Déraison » est le titre d'une des chansons de l'album *Seule* enregistré en 1981. Album-manifeste, autoportrait en femme seule. On l'y voit, sur la photo de couverture, accoudée à son balcon, lunettes sombres, au cou une longue écharpe claire dont les franges sont restées accrochées à une branche. Au dos de la pochette, la reproduction du haut portail de bois du jardin que l'on devine infranchissable… S'est-elle bien fait comprendre ?

À Précy, les saisons ne comptent plus. En défilant, elles laissent leurs traces sur les pierres, sur les arbres. Il suffit de quelques notes pour les rappeler, de quelques nuits pour les mélanger, d'un feu joyeux dans la cheminée pour raviver leurs couleurs...

Il automne...
Sous un ciel pourpre et doré
Sur les jardins dénudés
Se reflètent en transparence
Les brumes d'automne rouillées...

L'automne entre toutes est la saison qu'elle préfère. Celle des ciels de grâce, des douceurs au chaud, rideaux tirés, des soirées feutrées.

Il existe des nuits
Allez savoir pourquoi...
Où seule à mon piano
Je suis au paradis.

Le paradis, le vrai, elle faillit s'y retrouver pour de bon une nuit de 1974 où, lasse de rôder de piano en piano, elle voulait enfin dormir. Chaque fois qu'elle ouvrait l'œil, elle tendait une main tâtonnante vers une de ses multiples boîtes, oubliant qu'elle avait déjà fait ce geste peu avant... Au petit matin, cela faisait une dangereuse somme de comprimés. Je ne sais quelles fées veillaient au bord de son lit mais l'une eut la bonne idée de téléphoner au hasard : « Je suis Barbara, je ne vais pas bien » et la chance de tomber sur un insomniaque efficace qui convoqua *illico* les pompiers et la maréchaussée. Ce n'était pas la première fois qu'elle se mélangeait dans ses pilules, cela faillit bien être la dernière. Avec le sens de l'ironie qu'on lui connaît, elle préféra en rire... en chanson et ce fut « Mes insomnies ».

Mourir ou s'endormir ce n'est pas du tout la même chose
Pourtant c'est pareillement se coucher les paupières closes
Une longue nuit où je les avais tous deux confondus
Peu s'en fallut au matin que je ne me réveille plus
Mais au ciel de mon lit y avait les pompiers de Paris...

Qui finit par ces mots :

Si s'endormir c'est mourir ah laissez-moi mes insomnies
J'aime mieux vivre en enfer que mourir au paradis.

Écrire la chanson ne suffit pas à la guérir de ses insomnies mais la décida sans doute à mieux compter ses prises de comprimés... Toujours est-il que Précy et la vie à Précy semblent avoir adouci le « mal de vivre » récurrent dont elle souffrait si amèrement dans les années soixante.

Ô mon cher jardin
Précy
Ô ma merveille
Mon Précy-jardin.

Et pourtant... Le plus doux jardin embaumant les roses finissantes, le plus beau ciel d'ambre sur le toit et les murs de son refuge ne vaudraient jamais les petites maisons qu'elle s'inventait à l'ombre des scènes, au creux des coulisses ou dans des roulottes. Errante au fond de l'âme, gardant les traces d'un passé d'exil, de plaines traversées, de voyages datant d'avant la naissance, elle redeviendrait nomade, contre toutes les fatigues, si la vie l'y appelait. À défaut de tournées sans fin, elle naviguait entre Précy, où elle s'était bâti son théâtre, et les théâtres, où elle refaisait ses maisons.

12

La reine du cirque

Elle n'a jamais vraiment arrêté, ni voulu arrêter, même si on avait cru l'entendre dire ce genre de choses à l'*Olympia*... « Non non, déclare-t-elle avec aplomb aux journalistes qui s'étonnent de son retour en 1974 au *Théâtre des Variétés*, je n'ai jamais annoncé un arrêt quelconque... J'ai seulement pris quelque distance avant de retrouver l'envie[1]... »

L'envie ? Le moment ? « Son » moment ? Il est toujours plus facile de lire un destin lorsqu'il s'achève, mais si l'on se penche sur la carrière de cette femme hors du commun et que l'on suit son évolution, il est saisissant de voir à quel point ses pas ont toujours eu l'air de suivre une ligne toute tracée, mais tracée par sa propre cohérence et sa volonté de ne se fier qu'à elle seule.

Elle sait où elle va et elle y va, même si ce n'est clair pour personne. Patience, on comprendra plus tard. Elle dit, dans une interview en 1993 : « Finalement, j'ai pu faire ce que je voulais, comme je le voulais à part très peu de choses. Donc mes erreurs, je les assume. » Moi, ne plus faire de scène ? Vous êtes fous ! Je ne vis que pour ça.

D'ailleurs, la voilà revenue. Février 1974, aux *Variétés*, joli théâtre sur les Grands Boulevards, avec Roland

1. Cité par Valérie Lehoux, *op. cit.*

Romanelli, un orchestre à lui tout seul. Et avec « Rémusat », « Perlimpinpin », « Marienbad », « L'Aigle noir »... et la boule à facettes de miroirs qui effeuille ses paillettes de lumière dans la salle. Velours noir, masque blanc, lèvres rubis, c'est bien elle, repartie pour l'aventure. Et « ils » viennent, de plus en plus jeunes ; elle a pensé à exiger dans son contrat qu'on leur réserve des places à très bas prix. On refuse du monde, on prolonge, on promet de revenir dans un an. Elle est heureuse, elle a renoué avec son public de Paris, il la pleurait d'attente, elle ne l'a pas déçu, elle lui manquait, c'est tout. Elle « n'arrêtera » plus jamais, promis !

Entre-temps, tout ce qu'elle aime : la route, le voyage, les tournées et les retours à Précy pour respirer, le temps de cueillir quelques parfums des saisons.

En 1975, c'est *Bobino* plutôt que les *Variétés* (pour une histoire de changement de direction) et des retrouvailles avec le « bon vieux music-hall » que l'on n'a pas encore dénaturé. Dix ans plus tôt, elle y chantait : « À mourir pour mourir je choisis l'âge tendre » et l'on était heureux de ne pas la croire. Cette fois, toujours avec le sourire, elle narre sa folle nuit d'insomnie et les pompiers de Paris...

Toujours le chic et l'élégance de dire les quatre vérités de sa vie en s'en riant et sans réplique possible.

Un autre grand retour sur des lieux domptés sera l'*Olympia* en février 1978. Elle s'y prépare intensément pendant plusieurs mois à Précy retrouvé après les flammes, travaillant avec Roland Romanelli et Jacques Rouveyrollis, l'éclairagiste très en vogue chez les artistes. Elle commence à aimer bouger dans les lumières changeantes, de même que son tour de chant s'anime et se diversifie.

Sans que l'on comprenne vraiment quelle alchimie a pu prévaloir entre elle et « son public », elle fait de cet *Olympia* un événement sans précédent dans le métier : ambiance surchauffée, rappels à l'infini, on n'a jamais vu ça au monde des « fans », sauf peut-être chez les gloires du rock. Elle leur rechante bien sûr qu'ils sont « sa plus belle histoire d'amour », la formule ne s'use pas, elle devient passion.

Alors parfois, comme le soir de cette dernière, elle fait éclater la routine de la star acclamée et prend la parole, avec l'éloquence et la franchise qui la caractérisent, pour appuyer ce que les chansons, les bravos, les rappels ne semblent pas exprimer avec assez de force et cela donne des déclarations irrésistibles de charme : « Je voudrais vous dire… ce qui s'est passé ici pendant trois semaines… c'était tellement prodigieux, tellement extraordinaire, que personne n'en est revenu et personne n'a compris […]. Peut-être vous et moi… Parce que quand on me demande d'expliquer, je ne peux pas expliquer […]. Je veux dire que la vérité qu'il y a entre vous et moi, elle est inexplicable pour qui que ce soit. Elle est là ! […] Si je chante c'est par vous et pour vous. Et ce qui s'est passé là, c'est fou, je veux dire vraiment… Je le porte en moi comme ça, inscrit en lettres de feu. C'est vrai. Je vous le répète parce que c'est très très important. Et je vous remercie de vous[1]. »

Et puis… ce fut Pantin !

Depuis 1973 et *La Louve*, elle n'a pas gravé d'album en studio. Il y a eu plusieurs enregistrements publics avec peu de chansons nouvelles. Mais le public vient-il pour ses chansons nouvelles ? N'empêche… Après deux années

1. François Reichenbach, *Barbara* (film), cité par Valérie Lehoux, *op. cit.*

de tournées triomphales, malgré des creux de fatigue, sa seule inquiétude est de se répéter, de lasser un auditoire si aimant et fervent.

L'album *Seule* sort au début de 1981, après une longue année d'enfantement laborieux, des hauts et des bas d'humeur, de doutes et des accrocs de santé dont elle n'aime pas parler ni qu'on en parle. L'album est accueilli chaleureusement, ces chansons, nées d'un Précy intime, lui ressemblent, encore une fois elle s'y livre en toute sincérité, dans la nudité d'une voix qui, il faut bien le dire, n'est plus ce qu'elle était. Nul ne s'en offusque. Elle semble se jouer de la fragilité de la voix, la moduler dans le murmure ou l'arracher d'une profondeur insoupçonnable. L'étonnant est qu'on l'accepte telle, la voix, avec ses éraflures, la voix vraie d'une femme de cinquante ans qui ne sait pas tricher. On l'accepte parce que c'est Barbara…

À présent, elle prépare son retour sur scène et il lui faut inventer « autre chose ». Comme toujours, c'est son idée et ce sera un chapiteau géant de deux mille cinq cents places sur l'emplacement de l'hippodrome de Paris à la porte de Pantin. On la croit folle pour de bon cette fois, elle n'en a cure, son rêve de cirque va se réaliser !

Et ce sera « son » chapiteau, aménagé selon « son » goût pour « son » public. Et ses exigences sont telles qu'il faut monter une véritable entreprise pour réaliser ce rêve, Charley Marouani aux commandes : recréer une salle de spectacle aux sièges confortables et numérotés, un vestiaire et un bar, dérouler des kilomètres de moquette et de velours noirs pour feutrer l'ambiance et bâtir son espace à elle. Une scène légèrement inclinée, profonde et noire bien sûr mais qui, sculptée par les éclairages de maître Rouveyrollis et ses trois cents projecteurs importés, se fait écrin la cernant de près, chambre, maison ou cathédrale, étapes du voyage où chaque soir elle se lancera pour une nouvelle conquête... Une scène à la mesure de la nouvelle manière de tour de chant qu'elle imagine, conçu comme un *show* beaucoup plus mis en scène que « simplement » chanté comme autrefois. Et, puisqu'elle veut habiter l'espace comme jamais elle ne l'a fait, courant de la cour au jardin, s'asseyant moins au piano, elle fait appel à un autre musicien, Gérard Daguerre.

Avec ce dernier et Roland, elle prépare pendant six mois son entrée dans l'arène ! Bien avant la fin des travaux, elle vient vivre l'installation, faire d'interminables essais de son et de lumière, arpenter la scène, comme pour humer l'odeur de la sciure et des bêtes en cage prêtes à surgir dans les pleins feux !

Elle fait aménager deux roulottes-caravanes juste contre les coulisses et s'y étale comme dans un campement berbère, avec ses tapis, ses lampes, ses objets, ses gris-gris, sa garde-robe en dentelle folle et les costumes de scène intouchables. Le 28 octobre elle doit savoir qu'il reste peu de places à vendre jusqu'au 22 novembre.

Et le miracle se produit : « ils » sont là pour l'acclamer et viendront, la salle est bondée tous les soirs, bravant l'éloignement, les intempéries, les fatigues aussi de la chanteuse et les défaillances de la voix. Plus que de succès, on peut parler d'un prodige de ferveur et d'amour.

Roland Romanelli raconte qu'un soir Barbara n'a quasi plus de voix. Emballée dans ses châles sur son rocking-chair, elle écoute, angoissée, la rumeur de la salle trépignant derrière le rideau. Que faire ? Annuler ? Ce serait l'émeute ! Elle entre en scène, explique tant bien que mal son filet de voix. Et voilà ce qui arrive : la salle entière se met à chanter à sa place ! Elle entame la chanson, chuchote dans le micro, joue, et le public chante !

« Il y avait une émotion si intense dans la salle que nous avons pleuré pendant les deux heures qu'a duré le tour de chant. Je ne savais pas que l'on avait autant de larmes[1] », dit Roland.

Le soir de la dernière, qui atteint des sommets d'électricité entre la reine du cirque et l'assistance subjuguée, elle déboule en scène avec une feuille de cahier à la main, ses lunettes et leur offre une chanson d'amour écrite dans la nuit :

Pantin la bleue Pantin la belle
Pantin novembre Presque l'hiver...
Pantin folie Pantin vaisseau
Au bout de vos cœurs étoilés
Vous avez planté des soleils
Pantin espoir Pantin bonheur
Ô qu'est-ce que vous m'avez fait là
Pantin qui rit Pantin j'en pleure
Pantin on recommencera...

« Pantin » demeurera dans les annales du show-biz comme une invraisemblance légendaire. Il nous en reste un témoignage visuel : le spectacle a été filmé par Guy Job, à l'issue d'un contrat draconien passé avec la « souveraine », qui exige que les huit caméras, pendant trois jours, soient invisibles, les techniciens vêtus de noir, itou. Que les lumières restent inchangées et qu'elle-même participe au montage tout en gardant le droit de veto final ! « Si je n'aime pas, je jette ! »

Durée du montage : six mois. « Ils n'en pouvaient plus de moi, mais ils ont été merveilleux », dira-t-elle plus tard des techniciens, qu'elle fit travailler jour et nuit... Au

1. Didier Millot, *op. cit.*

cours de ces séances de travail intense, Barbara fait une de ses « belles rencontres », celle de Béatrice de Nouaillan, scripte du film, qui deviendra son assistante, précieuse et infiniment discrète présence jusqu'au dernier jour, c'est-à-dire pendant quinze ans.

Le film au final est, selon son intransigeance, magnifique. Diffusé sur TF1 le 5 novembre 1982 (puis plusieurs fois rediffusé par la suite) à 20 h 35, soit « quatre-vingt-dix minutes de perfection » sans interruption. Du jamais vu !

Ce que reine veut…

En cette année 1981, avant l'événement « Pantin », un autre événement historique de taille a eu lieu : le 10 mai François Mitterrand a été élu président de la République. À Pantin, Barbara crée une chanson, « Regarde » que la presse salue aussitôt comme « un manifeste » à François Mitterrand et pourquoi pas au Parti socialiste tout entier, et qui est rebaptisée par la même presse « l'Homme à la rose ». De là à faire de Barbara un « personnage politique », « une femme engagée », il n'y a qu'un pas.

La petite histoire de la chanson est la suivante : le soir du 10 mai Barbara est à Paris et veut rentrer à Précy. Sa voiture passe non loin de la place de la Bastille d'où débordent des milliers de jeunes gens euphoriques. Qui ne se souvient de ces instants d'explosion de joie où l'on a vu les gens danser dans les rues, chanter, se parler, s'embrasser, pleurer…

Sous le coup de l'émotion elle écrit la chanson « Regarde » peut-être plus pour l'immense espoir que cet « Homme » représente en 1981 que pour le politique qu'il est…

Un homme une rose à la main
A ouvert le chemin vers un autre demain…

Cela dit l'homme lui plaît, elle a de l'admiration pour lui, sûrement de l'estime. Cela ne fait pas d'elle une militante, même si, en 1988, elle apparaîtra à deux meetings pour chanter la chanson et s'enfuir sans dire un mot. Barbara n'est pas rancunière... Elle aurait pu en vouloir à cet homme de lui avoir piqué le symbole de la rose. Après tout, c'est elle qui en avait eu l'idée en 1964 : la couverture de son album *Barbara chante Barbara* (créé par l'atelier Pierre Faucheux) consacrait la rose rouge comme son emblème chéri. On peut aussi y voir une « belle rencontre » de deux roses... Mais militante ?

C'est Jacques Attali qui le dit avec le plus de finesse : « Elle admirait Mitterrand mais avec beaucoup d'ironie. Il l'amusait. Elle le voyait un peu comme un personnage de spectacle. [...] Elle agissait beaucoup plus par amitié que par militantisme. On lui demandait, elle aidait[1]. » Elle a en effet « aidé », toujours discrètement, de même que ses engagements n'étaient jamais criés par-dessus les toits.

1. Valérie Lehoux, *op. cit.*

13

Lily Passion

Rideau rouge, rideau noir ? Plus de rideau. La scène immense avance dans une semi-obscurité, proscenium arrondi pour creuser une arène au milieu du public. Le décor, haute paroi d'un brun foncé, court transversalement d'une extrémité à l'autre de la salle et peut s'ouvrir au milieu par deux battants coulissants. Le *Zénith*, autre extravagance, en ce mois de janvier 1986, a été spécialement aménagé pour *Lily Passion.* Énorme bulle tendue par un treillis de poutres métalliques où voyagent les projecteurs, les effets spéciaux, les techniciens, la salle est prête à accueillir trois mille passionnés sur les chaises qui montent de la scène vers le mur d'enceinte ovale.

Une nuée rouge tombe des cintres, à gauche, au-dessus de l'orchestre. Celui-ci entame un air enjoué qui balance. Surgie d'une porte taillée dans la paroi tout à fait à droite, elle traverse la scène à grandes enjambées jusqu'aux musiciens. « Arrêtez, moins fort, arrêtez cette répétition ! » Puis c'est la première chanson, rapide et violente :

Toutes les nuits depuis toujours
Dans une ville différente
Il tue…

Elle, la chanteuse, Lily Passion, longue et moulée de noir, porte un étrange poncho en résille de laine noire où brillent des éclats de strass. Elle a mis ses bottines de cuir fin. Au cou, une grosse fleur rouge carmin, ni rose ni camélia, plutôt pivoine de soie ébouriffée. Lily Passion ou Barbara ?

Le soir du 21 novembre 1981, elle leur avait dit « je reviendrai ». Un peu plus de quatre ans plus tard elle tient parole, se lançant dans une tout autre aventure. Porte de Pantin, mais au *Zénith*, à partir du 21 janvier 1986, pour un mois sans jour de relâche.

Elle n'est pas revenue seule mais avec son double : Lily Passion. Avec un partenaire aussi, David, l'homme blond, tueur de son état, Gérard Depardieu dans la vie. Une autre se trouve au rendez-vous : la voix. Lorsqu'on écoute l'enregistrement de Pantin, on entend la fatigue bien que la chanteuse parvienne à la dissimuler avec un grand art. Après avoir cru, du loin de sa retraite, qu'elle devrait faire de Lily une chanteuse qui avait perdu sa voix, par des soins appropriés elle a pu la guérir et la faire renaître. Si elle est moins claire qu'il y a vingt ans, moins tranchante, la voix-Barbara nous est rendue, l'émotion est là, avec des tons chauds, voluptueux et rauques.

Lily Passion n'est pas née du jour au lendemain. Elle est l'aboutissement d'au moins cinq années de rêve et de travail acharné.

Le personnage de Lily la hantait, elle l'imaginait au centre d'une comédie musicale dont les airs lui couraient dans la tête… Elle noircit beaucoup de pages de cahiers, murmura et susurra ses rêves de Lily à des dizaines, voire des centaines de cassettes. Mais qui lui donnerait la réplique ?

Vers le début des années quatre-vingt, elle rencontre Gérard Depardieu au cours d'un dîner, lui raconte son histoire de Lily, tout en se rendant compte que David, son tueur blond, elle l'a trouvé : ce ne peut être que lui, Gérard. Il s'emballe à son tour : « Je suis ton homme, dès que tu es prête. Mais il faut t'y mettre, beauté. »

Autour d'elle on y croit peu ; l'acteur a un calendrier surchargé. Mais il est homme de parole. Il a promis. Et elle sait que c'est lui, son héros, l'homme aux fleurs de mimosa. Elle l'a su dans un éclair, comme elle sut de tout temps reconnaître ceux qui allaient lui apporter une force nouvelle. Son instinct lui dicta qu'il était l'Acteur désigné pour guider la Chanteuse en scène. « Il m'a appris à être deux », dirait-elle plus tard. C'était lui « l'homme » qu'elle cherchait, le partenaire de Lily, un peu enfant, un peu voyou, une violence et une douceur, une carrure, une démesure, un extraordinaire compagnon de scène, digne d'elle.

Le minutieux travail sur *Lily Passion* se poursuit. « Une longue chanson, dit-elle, peut-être celle que je n'ai pas eu le temps d'écrire avec Jacques. »

Gérard tourne aux quatre coins du monde et l'appelle, l'encourage, ne la laisse jamais sans nouvelles. De son côté, elle lui envoie des cassettes où sa voix de « miauleuse » lui conte en musique les progrès et variations de *Lily Passion.* Quand il est à Paris, il passe en coup de vent. Elle le croque avec bonheur dans les *Mémoires* : « Il surgit un matin à Précy dans le désordre d'un bureau jonché de feuilles de cahiers qu'il ramasse en riant. Toujours ce fou rire de cancres entre nous ! Il est venu me regarder, me rassurer. Il dit qu'il est venu prendre des forces. Il repart. Il tourne. »

Puis ce fut le temps des metteurs en scène présumés puis éconduits pour, disons, divergence de vue. On garda le troisième, Pierre Stosser, venu de l'opéra. Patient, il eut la modestie et l'intelligence de laisser s'exprimer ces deux monstres, de les observer en silence plutôt que de s'imposer. Leur entente, leur connivence ont accouché de ce spectacle dont le dépouillement rejoignait, avec ses lignes et ses déplacements nets, la rigueur des récitals d'antan de Barbara, sans nullement briser les délires sous-jacents.

Ce fut ensuite le temps des répétitions... Avec un sérieux incident de parcours : sur un désaccord artistique durant l'enregistrement en studio des chansons de *Lily Passion* (qui ne verra d'ailleurs jamais le jour), Barbara et Romanelli se séparent en trois minutes. Ils ne travailleront plus ensemble. Il s'en remettra mal. Elle, difficile à dire. Elle est terrible ! Jamais d'hésitation pour trancher. Ni de regret. En tout cas n'en laissant rien paraître.

Gérard Daguerre, au piano et synthétiseur, remplace Roland. Il s'adjoint Richard Galliano à l'accordéon, Patrice Peyreras au synthétiseur et Marc Chantereau aux percussions. Dans le « théâtre » de Précy, c'est tout un travail de mise en place, de recherche de « sons », de « couleurs ». Aussi incroyable que cela le reste, elle ne connaît pas les notes mais elle sait ce qu'elle veut et tente de se faire comprendre : « Attends ! le mouvement c'est "ça" – dans l'air un grand geste de torsion accompagné d'un miaulement de chat –, il faut que tu me le déchires... Trouve la couleur... morcelle... Si tu en fais moins ce sera plus beau. » Daguerre hoche la tête, reprend. Elle arpente la salle, tourne autour de la table où s'empilent les cassettes, enregistre le nouveau son, enfile ses mitaines, s'enroule dans ses écharpes, marche encore en rythmant ce qu'elle écoute. Chef d'orchestre ou chef de gang ?

« On le reprend mais écoutez-moi ! C'est le thème de Lily, il faut que vous ayez l'air de sortir d'un rêve… Enlève un peu de cristal, chéri, là on est trop dans l'eau… » Elle attrape une clémentine qu'elle partage avec Sidonie la grande chienne brune, suce un morceau de Zan, sa drogue, ou avale une gorgée d'un sirop vert amande qui traîne par là, virevolte, revient vers « ses hommes ». « Pensez que vous êtes sur l'océan, les voiles, le vent, vous avancez, voilà, doucement… » Cela dure des heures.

21 janvier 1986.

Lorsqu'elle entre, longeant la paroi fermée, elle croise en traversant la scène un premier piano, le fauteuil à bascule, une grande malle sur laquelle est posé « le sac en mica bleu », puis, haut comme un enfant, le ballon noir dénommé Lucien et enfin le second piano. La voilà dans ses meubles. Sur le noir généralisé du décor et de ses éléments, les lumières d'André Diot et de Jacques Rouveyrollis créent les espaces, les lieux : fête foraine, horizon sur la mer, île, rues désertes, coulisses. Une bande-son achève d'installer les « ambiances ».

L'argument de *Lily Passion* peut paraître succinct. Le plus « passionnant » est ce qui s'y cache. Lily Passion est une chanteuse célèbre qui parcourt le monde. Dans chaque ville où elle chante, et le même soir, un crime est commis.

On sait qu'il ne tue qu'avec un couteau…
On dit qu'il est blond dans les journaux…
Il déjoue toutes les polices
Il ne laisse pour indice
Que des branches de mimosa…

Hantée par l'assassin blond, Lily a aussi perdu l'envie de chanter ; elle se décide à quitter les théâtres. Par là même seront épargnées quelques vies humaines...

Nous assistons à son tout dernier tour de chant, puis elle s'en va sous la neige en chantant :

Je viens
J'ai quitté mes théâtres
Je n'ai plus rien
J'ai les mains nues...
Je viens vers toi.

Rencontre avec le beau David. Elle rechante pour lui son « Tango », l'encerclant des pas d'une danse d'amour fascinée et fascinante, au rythme du « tango indigo, blue tango contre ta peau... » Après une longue scène d'amour... autour du piano, elle lui chante :

Toi que j'ai souvent cherché...
Si je t'avais trouvé
Et qu'il ne soit pas trop tard
Pour venir vivre avec toi
Dans ton île aux mimosas...

David abandonne son couteau à la « murmureuse ». Elle le suit sur son île. Va-t-elle pouvoir « aimer un homme, juste un homme » ? On croit rêver... La silhouette blonde en cuir noir serait-elle enfin celle de « l'homme » de toutes les chansons ?

Lucien et la foule viendront rappeler Lily à sa passion de chanter. Elle fuit et c'est la folie nue qui l'attend. David part à la recherche de la « menteuse », de la « théâtreuse ». Sortie de sa folie, Lily redevient elle-même.

« Mémoire, comme un chagrin, tu me reviens... » David la retrouve et la renvoie à son public. « Pleure pas mon héron, chante, chante... »

Alors « elle » a la suprême audace de chanter :

Qu'elle fut longue la route
Mais je l'ai faite la route...
Ma plus belle histoire d'amour, c'est vous...

Lily chante Barbara ou Barbara chante Lily ? Qui est qui ? Et des deux, quel est le personnage ?

Là-bas, sur une plage (celle de *Franz* ?) David l'appelle : « Tango tango. » Elle marche vers lui dans le vent, le cri des mouettes. Elle meurt dans ses bras, lui la retenant, immense oiseau de plumes noires, au-dessus des fumées blanches et des vagues de satin. Dans les bras d'« un homme juste un homme ».

Dans ses chansons, elle racontait l'histoire d'une femme, les amours, les morts, les révoltes avec, au bout, la peur de radoter ses chagrins, ses joies de vivre. Elle inventa Lily Passion, une femme fatiguée d'avoir chanté. Et Barbara, dans cette grande chanson-là, s'est permis de raconter son histoire de femme qui a tant chanté.

La star de Pantin aurait pu sans risque refaire Pantin : ils seraient venus, ils venaient pour elle, revenaient et en redemandaient. C'était trop facile. Il lui fallait prendre un autre risque, celui de briser l'image qu'ils se faisaient d'elle, aller plus loin dans ses délires, « descendre dans la fosse aux lions » une fois de plus mais neuve, provocante, courir le danger de n'être pas reconnue en Lily, bousculer l'idée somme toute confortable que l'on avait d'elle : femme seule chantant sa vie cherche public pour pleurer ensemble.

En mettant en scène une chanteuse qui s'arrête de chanter, elle allait plus loin que ses peurs, elle devançait les

« forces » et conjurait le sort. Narcissisme ? Oui. Porté au sublime !

Si certains ne lui pardonnèrent pas ce rêve maîtrisé, cette mise en gloire de son propre personnage, peu lui importait. Elle poursuivait sa route de cavale sans se retourner. Bien malin qui l'en détournerait.

Longtemps, ils sont venus saluer. Quelqu'un a lancé un bouquet de mimosa. Un à un, les projecteurs s'éteignent. La scène est grise, le flot des spectateurs s'écoule dans la nuit. La fête est finie. Sur le plateau, les machinistes rangent, plient, nettoient.

Dans sa loge, chaude de l'éclat des lampes, le premier geste fut de chercher ses lunettes puis d'en masquer son visage. Elle a quitté ses habits de scène, en a revêtu d'autres qui leur ressemblent. Elle ne se démaquillera pas tout de suite. Verra quelques attardés qui attendent un mot, un sourire, le frôlement d'un doigt. Pas tous, elle ne pourra les voir tous. Trop fatiguée ce soir. Un mot à dire aux musiciens, plaisanteries échangées, elle rit. Elle enfile son manteau, vaste comme une houppelande, ses gants. « À demain ! »

Dehors, la voiture l'attend. Dans la nuit d'hiver, quelques ombres filent le long des vitres, quelques regards, tout près. Elle leur adresse un geste de la main, soupire : « Ils sont fous, par ce froid... » La voiture s'éloigne. Elle rentre à Précy.

14

Femme piano

Il y eut les trois soirs de cet hiver-là, les 11, 12, 13 décembre 1993, où elle est revenue chanter au *Châtelet.* Elle avait dû arrêter le 3 décembre un récital inauguré le 6 novembre, date une fois encore choisie par elle, date anniversaire de la mort de sa mère. Elle avait dû arrêter, d'épuisement et de maladie, ce spectacle minutieusement préparé comme les autres.

Elle a soixante-trois ans, sa voix est fragile mais elle a l'air, aux dires de la presse, épanouie, heureuse de revenir dans ce théâtre de velours grenat et vieil or, qu'elle aime et qui lui va bien. Pourtant elle a dû arrêter. On dit « état grippal », c'est la mauvaise saison, elle va revenir. Elle revient en effet ces trois soirs, on se demande après coup comment elle a pu. Elle n'est pas complètement guérie, pourtant elle est là, aiguë, presque transparente, comme une incandescence d'elle-même. Le théâtre est plein à craquer.

Ces trois soirs-là les magnétos ont tourné, les récitals ont été enregistrés et c'est un miracle que l'on ait cet extraordinaire double CD *live* : *Châtelet 93.* Car le 14 décembre elle a dû renoncer, la mort dans l'âme, atteinte, dit-on, d'une double pneumonie et hospitalisée.

Le *Châtelet* doit annuler et rembourser les représentations prévues jusqu'à la fin de décembre. Plus aucune compagnie d'assurances ne voudra prendre le risque d'assurer le moindre des engagements et déplacements de Barbara.

Le 13 décembre 1993, elle ne sait pas qu'elle chante pour la dernière fois à Paris. Le public aussi l'ignore et ne voudrait pas le savoir. Qui est-il donc, ce public, sur lequel on ne cesse de s'extasier, ce fervent animal sombre aux milliers de têtes auquel elle s'adresse comme à l'irremplaçable amant, l'unique amour de sa vie ? Et qui l'adore comme une vivante et accessible divinité ?

Cela s'est fait peu à peu, année après année, un coup de foudre qui ne s'éteindrait pas mais au contraire s'amplifierait à un point d'intensité que seule la mort peut briser. Elle n'est pas la première à déplacer les foules et à les « échauffer » mais sa foule à elle est très spéciale ! Amoureuse, exclusive, en même temps que respectueuse et tendre. Un peu folle parfois, mais Barbara l'est aussi dans ses excès. Et très consciente et reconnaissante de la qualité de l'amour, même s'il est possessif et parfois envahissant, que lui voue cette foule qui depuis plus de trente ans accourt, l'entoure, la porte, la fait renaître de ses cendres de fatigue.

Cela s'est fait, oui, année après année, au rythme des vagues qui enflent, se recouvrent, se multiplient, se renouvellent, mais la même eau limpide, le même flot bruissant venant se coucher au bord des théâtres. Quand on allait la voir ces dix dernières années, on était frappé de trouver dans la salle, d'une part des « gens de tous les âges », parmi lesquels certains, bien sûr, étaient plus curieux du « phénomène » que réellement chavirés d'émotion, et d'autre part, de plus en plus de jeunes, de très jeunes, garçons et filles venus non seulement « applaudir leur idole » mais s'abreuver à la source de la déesse-mère. Et en même temps, à côté de cette passion quasi religieuse, juxtaposées et formant un drôle de mélange, s'exprimaient une intimité, une proximité affectueuse entre « l'officiante » et ses ouailles, mais aussi entre une femme excentrique parfaitement ouverte au monde et sa foule d'amoureux ou d'enfants subjugués. Ce « public », trouvant tout naturel d'être au « rendez-vous » et de venir recueillir énergie et consolation dans la magie du rideau qui s'ouvre sur ce phénomène de séduction et de vérité.

Le phénomène Barbara est l'échange unique qu'elle a su établir avec les autres, ses « fans » de tous horizons, le langage trouvé pour que « ça marche » non seulement en scène mais bien au-delà, chaque fois qu'elle a prouvé qu'elle n'était pas seulement une femme de mots et de notes mais une femme d'action et de « parole ».

Ces trois soirs volés au froid de décembre ont abouti à ce dernier enregistrement public, trente chansons où on peut la suivre sur le fil, l'extravagante équilibriste, en se demandant de quel côté elle va tomber. Elle ne tombe pas et la voix, voilée, très affaiblie (on souffre pour elle), se maintient toujours juste, tout en changeant presque systématiquement les mélodies, puis s'élance de nouveau dans des voltiges d'aigus attrapés on ne sait où.

À travers les rumeurs de sa foule, les minutes d'applaudissements, les cris et les sifflets, on devine ses mouvements, ses apparitions et ses départs, ses pas de danse, ses facéties. Elle s'adresse à chacun et à tous, suspendus à ses défaillances mais se moquant des creux de la voix, du moment qu'elle est « là », au bout de leurs mains tendues, même chancelant de fatigue, vivante et totalement présente : ils lui font confiance, prêts à la suivre n'importe où...

Comme dans ce numéro de diseuse de « Femme piano », où, tragédienne de quatre minutes, elle répète, haletante, l'essentiel de son autobiographie, le résumé de sa vie de femme qui a beaucoup chanté et ne regrette pas une seconde de son chemin d'épines ni de la solitude tracée à la craie grise autour des années qui s'éloignent.

Touche pas mes silences
Touche pas mes errances
Je navigue en solitaire
Je vis mes délires
Interplanétaires
Tout là-haut dans la lumière...

Rabâchant finalement toujours la même chose mais c'est pour ça qu'ils l'aiment !

J'ai pas vu passer ma vie
L'usure, la morsure du temps
Et c'est la fin de mes printemps
Mais j'aime la vie
De théâtres en théâtres...

Elle dit sa vie, elle dit aussi ces soirs-là beaucoup la mort, reprenant par exemple, humour noir et ironie, cette chanson de ses débuts : « Veuve de guerre » de Marcel Cuvelier :

Si ça devait arriver C'est qu'ça devait arriver
Tout dans la vie arrive à son heure...
Il faut bien qu'on vive Il faut bien qu'on boive
Il faut bien qu'on aime Il faut bien qu'on meure...

« Il y a si peu de temps entre vivre et mourir... » chante-t-elle encore, c'est la chanson de Lily... Et de la salle un garçon crie les répliques de David le tueur blond... Puis sans complaisance aucune, les mots doucement arrachés, à voix blanche, de sa dernière chanson d'amour :

J'suis plus d'ton âge [...]
Et dans le vide où je m'avance
Un peu cassée,
Sans plus rien voir
Plus rien savoir, rien écouter
T'as dit « je veux »
Avec ferveur tu t'es couché
Aux sables mouvants
Des amours condamnées...

Elle peut tout se permettre, ils la suivent, et si la voix fait mine de la quitter, elle use de tous ses pouvoirs, nés de son génie musical et d'une grande expérience, pour réinventer son fantôme de voix entre souffle et cassure et la faire « jouer » différemment. Ce n'est plus « chanter » en scène, c'est y vivre et y souffrir, enroulée, déroulée, ramassée à l'intérieur des chansons, où elle évolue avec tant de confiance qu'elle peut en changer chaque interprétation et leur donner une vie nouvelle.

Et de quitter la scène parisienne pour toujours en lançant comme un défi :

Quand tu n'y crois plus, que tout est perdu [...]
Tu verras le jour se lève encore
Même si tu ne crois plus à l'aurore
Tu verras le jour se lève encore...
Le jour se lève encore...
Encore... Encore... Encore...

Martelé, applaudi et piétiné par des milliers de mains et de pieds, le mot est répété dans une mélopée assez funèbre, il faut bien dire, sur la fin de ce *Châtelet 93*. Ce n'est qu'un au revoir ?

Depuis *Lily Passion* en 1986, elle n'avait pas ménagé ses forces. Lily et son « couple infernal » ont tourné dans toute la France, Gérard aura tenu parole jusqu'au bout. La dernière représentation a eu lieu à Rome, le 5 mai, dans le petit théâtre *Argentina* qui a tant plu à Barbara qu'il lui ôte toute idée de grande salle pour *Lily Passion.* Elle imagine même reprendre le spectacle dans des salles plus intimes..., rêve jamais réalisé.

Au début de l'été, elle débarque à New York, sans aucune idée de conquérir l'Amérique mais pour répondre à l'appel de Mikhaïl Barychnikov, qu'elle a connu grâce à Michel Colombier. Il l'a invitée pour un *american debut* qui ne brillera pas dans son *curriculum vitae* mais ce n'est pas sa faute.

Fidèle à cette « belle rencontre » (comme elle les aime) de Micha son danseur étoile admirateur, elle a accepté de chanter trois chansons... sur la scène du *Metropolitan Opera* dans un « Gala Performance » des plus huppés, censé inaugurer une tournée américaine pour la compagnie des ballets de l'*Opéra de Paris*, alors encore dirigée par Rudolf Noureïev. Le flop était prévisible. Un public guindé, riche et indifférent, se demanda ce que venait faire ici, avec son piano à l'envers, cette pianiste chantante, inconnue et sombre, tandis qu'autour d'elle virevoltait un danseur célèbre dans une chorégraphie improvisée... Pas grave.

En septembre 1987, elle fait sa rentrée au *Châtelet*, sans affiche, sans télé, sans publicité aucune. Crâneuse : « Ce rendez-vous au *Châtelet*, c'est un rendez-vous d'amour. On ne fait pas d'affiche pour un rendez-vous d'amour. » Du 16 septembre au 11 octobre, le théâtre affiche complet. Elle y crée, audacieusement mais à bon escient, comme cela lui ressemble, la chanson « Sid'amour à mort », qu'elle balance, en colère, sur une orchestration grinçante, en commentant : « Une chanson que j'aurais préféré ne jamais avoir à écrire. » Elle plaque le dernier accord dans un cri de révolte.

Le sida est le fléau dont enfin on ose parler. Elle lance sa croisade en réussissant à stupéfier et faire rire la salle : « Il faut les mettre, je ne plaisante pas ! » et jette des préservatifs à la tête du public, en fait remplir des paniers à la sortie du théâtre. Qui d'autre qu'elle aurait osé ?

Sid'Amour à mort
Ô Sida-Sid'assassin recherché
Tu as mis l'Amour à mort
Mon Amour malade
Ma douleur d'aimer
Mon damné d'Amour
Sida-Sidamné...

Elle avait déjà ses « bonnes œuvres », apportant son aide, toujours discrète, à diverses organisations s'occupant d'enfants ou de déshérités. Cette fois c'est autre chose. Contre le sida, elle monte au créneau, personnellement, en s'impliquant de façon concrète et absolue.

En 1988, il y a les tournées à assurer, la Légion d'honneur à se faire épingler mais elle commence aussi à consulter les médecins à la pointe de la recherche du virus HIV et, une fois mieux informée, et toujours sans publicité, à visiter les malades dans les hôpitaux. Elle fait installer une ligne spéciale à Précy où ils peuvent l'appeler à toute heure. Elle se donne sans tricher.

À la fin de 1988, dans une longue et unique interview à *Libération*, elle explique son action et pourquoi elle n'ameutera pas la presse pendant un an ; elle ne travaillera ni ne chantera, mais consacrera toutes ses forces et son temps à mener sa lutte personnelle par des actions qu'elle ne rendra pas publiques.

Grâce à des appuis sûrs, notamment celui de Jacques Attali qui lui obtient des autorisations, elle se transforme en visiteuse de prisons. Elle arrive à ses fins, on lui débloque les verrous de ces secteurs très peu accessibles des toxicomanes, parmi lesquels nombreux sont infectés par le virus. Elle s'y rend, accompagnée d'un médecin ou d'un professeur spécialisé, pour chanter et répondre aux questions. Ce sera les Baumettes à Marseille, et puis Fresnes, Fleury-Mérogis, Rennes, Montluc... Comme promis, elle n'en parlera pas mais, en passant, laissera tomber une perle de chanson : « Rêveuses de parloir », qu'elle chantera à *Mogador* en 1990.

Rêveuses de parloir De cellules en couloirs
De courage en espoir De rage en désespoir
Dans votre vie placard Sans ciel sans fleurs sans berceau
Vous peignez des oiseaux Derrière vos barreaux...

Elle ne cessera jamais de mener ce combat, soutenant par exemple l'opération Sidaction de Line Renaud ou faisant des dons importants à diverses associations, dont en particulier Act Up.

Du 6 février au 14 avril 1990 (y compris deux semaines de prolongation), elle fit de son retour sur scène au *Théâtre Mogador*, qui avait connu ses débuts dans *Violettes impériales* en 1949, une grande fête ! Avec, offerts au public, des rubans de Zan dans de grands bocaux et des préservatifs dans des corbeilles géantes (le combat continue). Le cadre est certes plus intime qu'à Pantin ; même si la voix lui joue parfois des tours, elle y semble détendue, heureuse d'être ovationnée, retrouvée par ses amis, ses amours.

Elle y crée « Gauguin », sa lettre d'adieu au Jacques des Marquises, qu'elle lui envoie enfin, douze ans plus tard. Crée également une première version de « Femme piano lunettes ». Elle « leur » parle aussi beaucoup entre les chansons, ce qu'ils adorent. Comme ce soir du 14 avril : « Ce n'est pas une dernière... Y a pas de dernière. Simplement, ça s'arrête et ça recommence. On va dormir un petit peu... Respirer et puis on reprendra la route. Je suis une femme de route, vous le savez bien. Il faut prendre la route, voir les arbres... Donc il n'y a rien de triste dans ce départ. Ce n'est pas un départ... »

Elle les remercie, c'est eux qui ont fait de *Mogador* « une fête extraordinaire ». « Vous étiez le soir comme des oiseaux fantastiques dans cette rue Saint-Lazare... »

Elle s'était mise à les appeler « les oiseaux » tous ces « fous » et « folles » qui patientaient dans le froid à la sortie des théâtres, lui tendant des roses, du mimosa, des lettres, des regards de flamme, leurs mains à serrer, à caresser, « merci, merci, rentrez vite vous allez prendre froid, fous que vous êtes... À bientôt, oui bientôt, je vous le promets... »

Et elle reprenait la route en effet, Suisse, Belgique, Japon, souffler à Précy pour la saison des pivoines puis se relancer dans une de ces tournées d'été qui l'épuisaient. Comment faisait-elle ? Elle vivait.

15

Un soir demain je partirai

Tours, 26 mars 1994. Ce soir-là elle n'a pas fait d'adieu.

À peine plus d'un mois après la douloureuse annulation du *Châtelet*, elle est repartie pour honorer les deux mois de tournée prévue de l'après-*Châtelet*. Contre tous les avis de prudence des médecins et des compagnies d'assurances qui, de toute façon, n'assurent plus rien. Comme pour consoler ceux qui n'avaient pu fêter Noël avec elle. Ils accourent de partout, nombreux la suivent de ville en ville. Elle tient. Difficilement, ne pouvant cacher sa fatigue mais elle tient, soutenue par son équipe, ses tout proches, et la formidable vague de sympathie et d'amour qui chaque soir l'emporte, lui donnant la force du lendemain.

Tours, au nouveau palais des congrès baptisé *Le Vinci*, est la dernière étape de la tournée, juste après Nantes. Non, elle ne leur dit pas « adieu » ce soir, mais fait une chose qu'elle n'a jamais faite de toute sa carrière : au milieu des rappels et des applaudissements, sans peur et sans filet, elle descend dans la salle, fendant la foule qui l'acclame ; elle ne peut pas les embrasser les uns après les autres. Alors elle s'arrête, se plante au milieu d'eux, ouvre les bras très grand et les referme sur elle, comme pour les enlacer tous.

« Et quand je suis remontée dans ma voiture, je peux vous dire que je n'étais plus qu'une femme épuisée, douloureuse, vidée, morcelée, déconstruite. »

Ne plus chanter, quelle incongruité ! Être celle qui ne chante plus après n'avoir vécu que pour chanter. Être une diva cassée, disparaître. Rideau. S'il n'avait tenu qu'à elle... Même sans voix, elle serait bien restée entre cour et jardin, même dans le noir, un fluet murmure. Ce n'est pas possible.

Ne plus entrer en scène, ne plus s'enivrer de ce pouvoir d'officiante sur des fidèles en délire, quelle amputation de sa vie de femme qui chantait et ne chantera plus... Un deuil, elle l'a dit. Et bien pire qu'un deuil. Elle seule pourrait exprimer à quel point est inconcevable ce deuil de soi-même.

Très bien. *Basta cosi*. Elle se rend. S'enferme entre ses quatre murs, ses glycines et ses pivoines, c'est la saison. Se repose, se soigne et rumine. Mais s'active aussi et communique de sa retraite avec le monde, pour soulager, réconforter au téléphone ses malades du sida (ce combat, elle n'y renoncera jamais) et prouver à ceux qui s'inquiètent pour elle que son énergie ne l'a pas lâchée, que si « elle ne faisait rien » elle mourrait d'ennui et elle n'a pas envie de mourir, plus du tout.

Des Mémoires ? Pas encore. Elle sait, on l'y encourage, elle renâcle. Pas son genre. C'est pompeux, des Mémoires, ça fait vieil académicien ou général à la retraite... Ça sent un peu l'enterrement, non ? Elle a le temps...

Le temps, par exemple, de faire un disque ! Si « on » l'empêche de chanter en public, « on » ne va pas l'empêcher d'entrer dans un studio tout de même ! La dernière fois, c'était en 1981 ! La seule qui pourrait l'en priver est sa voix, la seule souveraine. Elle est éreintée mais va prouver qu'elle peut encore se plier à l'incroyable volonté de la chanteuse en mal de chanter, par tous les moyens.

À la fin de 1995, elle annonce qu'elle veut enregistrer un album studio. Demande à Jean-Yves Billet de le faire avec elle. Il est son interlocuteur chez Universal, c'est avec lui qu'elle a travaillé en 1992 au monumental coffret de treize CD, pour lequel ce garçon têtu et passionné lui avait déniché des archives rarissimes.

Sur le moment, il se demande bien (et lui demande) où sont les chansons qui vont composer un album de douze titres... Agacée, elle lui lance une liste à la tête. Quatre titres sont indiscutables, elle les a chantés (ou enregistrés) en public : « Le jour se lève encore », « Les Sables mouvants », « Femme piano » (qui a perdu les lunettes de sa première version), « Les Enfants de novembre ».

Pour les autres, grand geste qui fait valser les franges du châle, ne vous inquiétez pas, vous les aurez ! L'essentiel est de se mettre au travail.

Dès le début de 1996, elle dresse ses plans de campagne ! Elle souhaite complètement innover et compte sur Jean-Yves Billet pour lui trouver les accompagnateurs providentiels qui l'aideront à faire sa mue. Elle se met à « auditionner » les meilleurs musiciens. Ce n'est pas toujours l'idylle. Certains repartent en jurant qu'on ne les y reprendra plus ! Pour Billet, c'est temps plein et diplomatie tous azimuts, il finit par s'installer à Précy, homme de compagnie des longues nuits sans sommeil et des durs mois d'écriture et de répétitions qui s'annoncent.

Son sauveur sera Gérard Daguerre, qu'elle rappelle et qui réussira à rassembler autour d'elle une belle poignée de virtuoses triés sur le volet dont plusieurs ont déjà travaillé avec elle. Ce sont Richard Galliano à l'accordéon, Eddy Louiss à l'orgue, Didier Lockwood au violon, Dominique Mahut ou Loïc Pontieux aux percussions, Laurent Vernerey à la basse, Jean-Jacques Milteau à l'harmonica, Jean-Louis Hennequin aux synthétiseurs plus Bernard Camoin ou Jacques Bessot à la trompette. Ceux-là vont la suivre au studio Méga, à Suresnes, où elle débarque au début d'août pour deux mois d'enregistrement, avec son tabouret, son rocking-chair, ses lunettes de libellule géante et ses turbans extravagants. Non, elle n'a pas l'intention d'y dormir.

On la dit exténuée, elle a traversé des semaines de nuits blanches, à finir ses chansons manquantes, écoutant sans fin le travail de la veille.

Les douze chansons sont bouclées. Cela n'a pas été sans peine mais elles sont à terme, prêtes à voir le jour du studio, à endosser les habits de sons et couleurs qu'elle leur a tricotés à Précy, même si tout peut encore changer… Le joyeux « John Parker Lee », le triste et beau « Couloir », inspiré par ses visites dans les hôpitaux, le superbe « Vivant poème », avec la collaboration inattendue et précieuse de Jean-Louis Aubert, « Faxe-moi », qui met en scène sa pratique maniaque du fax comme moyen de communication universel et puis « Fatigue », exprimant, de façon assez effrayante à entendre, l'état dans lequel elle se trouve pour écrire, vivre, survivre. Sont même jetés là, avec « À force de », quelques mots signés Guillaume Depardieu, auteur de hasard. Enfin, surgie du passé, une chanson, marche cadencée très sombre qu'elle avait commencé à écrire avec Frédéric Botton vingt ans plus tôt ; elle l'avait oubliée, il avait eu la bonne idée de ne pas la perdre, c'est « Il me revient », souvenir d'une arrestation dans le Vercors de son enfance.

À travers ce méli-mélo, apparemment hétéroclite, de genres, de personnes, de styles, elle réussira, armée de son fol entêtement, à livrer malgré tout et une fois de plus un autoportrait sans concession de la femme qui chante encore…

Au milieu des enregistrements, elle « s'absente » sans explication ni bulletin de santé. L'essentiel est qu'elle revienne et termine, sans toutefois épargner à son entourage sidéré un rebondissement « à la Barbara » : alors que tout le monde est fier et content, que tout semble « calé » et prêt pour la fabrication, avec des « oh » et des « ah » des commerciaux enchantés, elle ressurgit comme un diable de sa boîte pour déclarer « Rien ne va plus ! Je veux refaire la voix ! Elle est noyée, pas assez “en avant”. Je ne suis pas une chanteuse d'orchestre, pas une chanteuse de bal ! »

En deux jours, elle rechante tout l'album sur la musique enregistrée et contrôle les mixages.

Ce que reine veut…

L'album sort le 6 novembre 1996 et la presse est dithyrambique, émaillée à peine de quelques bémols lyriques et respectueux. C'est un grand succès commercial. Que dire ? Émouvant ? Pathétique ? L'écouter une fois et pleurer de nostalgie puis réécouter les autres disques pour se consoler ? Ou bien la laisser parler : « Ce disque-là, c'est du bonheur. Je voudrais qu'il me ressemble, avec le temps qui a avancé sans me changer[1]. »

C'est elle, oui, ce n'est plus la voix qui n'en peut plus, mais c'est *sa* voix, en cet automne 1996, courageuse et vraie.

On peut l'entendre, le timbre fêlé, blessé, de cette voix qui s'exalte, à travers les mots de l'entretien donné à *Libération* : « C'est le dernier, c'est formidable. Soixante-six ans, c'est rien, on s'en fout mais j'ai fini ça. C'est le dernier cri, le dernier silence, le dernier trait d'union… »

Elle a tout dit, la voyante. Presque rien à ajouter.

1. *Le Nouvel Observateur*, 30 octobre 1996.

16

J'ai pas vu passer ma vie

Il lui reste une année. Elle quitte peu Précy mais n'ignore pas ce qui se passe ailleurs, en dehors de ses murs, le grand ailleurs d'où tant de peines lui reviennent en rafales. Reine en son domaine de Seine-et-Marne, reine des roses, des pivoines et des chats.

Elle n'y fait pas que tricoter. Elle s'occupe, avec Jean-Yves Billet et Béatrice de Nouaillan, ses plus proches, à l'élaboration d'un album-anthologie de deux CD et quarante chansons, encadrées de « Femme piano » (titre de l'album), en ouverture, et de « Le jour se lève encore », en clôture. C'est une sorte d'autobiographie revisitée encore et encore, quintessence de sa production depuis trente ans, son choix draconien, avec des titres rarement chantés comme « Joyeux Noël », « Gueule de nuit », « L'Amoureuse », « Les Rapaces » (tiens !), « Madame », etc.

Et puis, elle écrit, elle s'écrit. Elle qui « n'a pas vu passer sa vie », comme elle le chante dans « Femme piano », va trouver un plaisir nouveau à la regarder défiler, à s'y reconnaître, cohérente et fidèle à ses multiples images.

C'est le moment. *Son* moment pour se souvenir et ça l'amuse. Raconter Prudence et Ethéry, Monsieur Victor, Gérard, Jacques, Lucien et les autres... Appeler partout, dialoguer avec les fantômes. Et remonter à la source des larmes, cela aussi elle le fait, ça lui allège le cœur, c'est aller au-devant d'une paix.

Mémoire pour mémoire, elle qui disait en avoir si peu et qui s'est si souvent efforcée d'oublier se lance dans le passé et y prend goût, comme une équilibriste qui se joue de l'espace et des gouffres au-dessus desquels elle frémit, tremble sa vie, devenue sans poids, une plume sur un fil…

Elle avance… Mais elle n'a plus peur.

Il lui faudrait juste un peu de temps pour toucher le bout de son expérience de raconteuse de vie… Avec des mots, sans piano. Pour prolonger l'extase de se révéler, sans armure…

Le temps lui manque, elle n'y peut plus rien. L'automne est là. Novembre et son cœur gelé. Son dernier rendez-vous, le seul qu'elle n'a pas vu venir ou que peut-être elle a vu venir. On ne le saura jamais.

Elle est prête. Bottée, chapeautée, lunettes, cape d'astrakan. Elle traverse le matin mouillé de son jardin. Un chat se faufile entre les buissons dénudés. Elle sourit. Devant le portail l'attend une Mercedes gris métallisé aux rideaux tirés. L'air sent la feuille et la vase du canal. Une portière claque.

La voiture traverse le village silencieux puis s'élance en droite ligne sur la route bordée de ses deux rangées de bouleaux dont les branches nues, au loin, ont l'air de toucher le ciel.

Paris, juin 2007

BIBLIOGRAPHIE

Ces quelques ouvrages m'ont spécialement accompagnée pendant l'écriture de cette biographie :

Barbara, *Il était un piano noir... Mémoires interrompus*, Fayard, 1998.
Valérie Lehoux, *Barbara. Portrait en clair-obscur*, Fayard, 2007.
Didier Millot, *Barbara. J'ai traversé la scène*, Mille et une nuits, 2004.
Marie Chaix, *Barbara*, Calmann-Lévy, 1986 (épuisé).

Mais aussi :

Elles. Histoires de femmes, Filipacchi, 1999.
Agenda Barbara 2003 (Association Barbara Perlimpinpin), Mille et une nuits, 2002.
Marie Chaix, *L'Âge du tendre*, Le Seuil, 1979.

Sans oublier :

Jérôme Garcin, *Barbara, claire de nuit*, La Martinière, 1999.
Jean-Dominique Brierre, *Barbara. Une femme qui chante*, Hors collection, 1998.
Jacques Tournier, *Barbara ou les Parenthèses*, Seghers, 1968.

Je remercie tout particulièrement pour leur aide et leur amitié : Marcel Imsand, Valérie Lehoux, Didier Millot, Anne-Marie Paquotte, Claude Picasso, Ariane Ruet, Bernard Serf, Luc Simon et Martine Worms.

Dans le corps du texte sont cités certains extraits de chansons qui se trouvent édités aux éditions : Caravelle/Intersong-Paris/Marouani/Metropolitaines/Tutti.

TABLE

1. Rencontre *9*
2. L'enfance *13*
3. La blessure *21*
4. Celle qui ne voulait que chanter *31*
5. La femme qui chante *41*
6. La somnambule *69*
7. Rémusat *75*
8. Sa plus belle histoire... *81*
9. L'amoureuse *91*
10. Un amour *101*
11. Précy-sur-solitude *107*
12. La reine du cirque *115*
13. Lily Passion *123*
14. Femme piano *131*
15. Un soir demain je partirai *141*
16. J'ai pas vu passer ma vie *147*

Bibliographie *149*

DU MÊME AUTEUR

Barbara, Libella-Maren Sell, 2007 ; Éditions de la Loupe, 2008 ; Libretto n° 422, 2013 (biographie).

L'Été du sureau, Seuil, 2004 ; Points n° 1760, 2007 (récit).

Barbara, Calmann-Lévy, 1990 (biographie).

Le Fils de Marthe, Calmann-Lévy, 1990 (roman).

Un 21 avril à New York : journal 1980-1982, Seuil, 1986 (journal).

Juliette chemin des cerisiers, Seuil, 1985 ; La Cause des livres, 2011 (récit).

Le Salon des anges, Seuil, 1982 (roman).

L'Âge du tendre, Seuil, 1979 (récit).

Les Silences ou la Vie d'une femme, Seuil, 1976 (récit).

Les Lauriers du lac de Constance : chronique d'une collaboration, Seuil, 1974 ; Points n° 484, 2012 (récit).

libretto

Dernières parutions

422. MARIE CHAIX	*Barbara*
421. ALEXANDER KENT	*À l'honneur ce jour-là*
420. FRANK MAYER	*Tueur de bisons*
419. DOMINIQUE FORTIER	*Du bon usage des étoiles*
418. LEON ROOKE	*En chute libre*
417. GILES MILTON	*Le Paradis perdu*
416. RICHARD LLEWELLYN	*Qu'elle était verte ma vallée !*
415. JOSEPH BIALOT	*La station Saint-Martin est fermée au public*
414. BORIS PAHOR	*Printemps difficile*
413. BERNARD FOGLINO	*Bienvenue dans la vraie vie*
412. IGNACIO DEL VALLE	*Les Démons de Berlin*
411. AMANDA SMYTH	*Black Rock*
410. DONALD RAY POLLOCK	*Knockemstiff*
409. CÉDRIC GRAS	*Vladivostok*
408. DAVID DONACHIE	*Trafic au plus bas*
407. RAX RINNEKANGAS	*La lune s'enfuit*
406. RON HANSEN	*L'Extase de Mariette*
405. SYLVIE WEIL	*Chez les Weil*
404. OLIVIER BERNARD	*Nouvelles d'en bas*
403. NICHOLAS JUBBER	*Sur les traces du Prêtre Jean*
402. BALTHUS	*Correspondance amoureuse*
401. DAVID EBERSHOFF	*Danish Girl*

400.	WILLIAM SAROYAN	*Folie dans la famille*
399.	CONSTANCE DE SALM	*Vingt-Quatre Heures d'une femme sensible*
398.	JENNIFER LESIEUR	*Jack London*
397.	GILES MILTON	*Samouraï William*
396.	DMITRI BORTNIKOV	*Le Syndrome de Fritz*
395.	ROLAND TOPOR	*La Princesse Angine*
394.	BERNARD OLLIVIER	*La vie commence à 60 ans*
393.	ALEXANDER KENT	*Deux officiers du roi*
392.	JOSEPH CZAPSKI	*Proust contre la déchéance*
391.	MAURICE SACHS	*Chronique joyeuse et scandaleuse*
390.	SUAT DERWISH	*Les Ombres du Yali*
389.	JEANNE CORDELIER	*La Dérobade*
388.	GIAMBATTISTA BASILE	*Le Conte des Contes*
387.	JAMES WADDINGTON	*Un Tour en enfer*
386.	ALEXANDER KENT	*Flamme au vent*
385.	LOUIS BROMFIELD	*Précoce Automne*
384.	BERNARD OLLIVIER	*Aventures en Loire*
383.	JACK SCHAEFFER	*L'Homme des vallées perdues*
382.	RON HANSEN	*Soleil de cendre*
381.	TCHINGUIZ AÏTMATOV	*Il fut un blanc navire*
380.	ALBERT T'SERSTEVENS	*L'homme que fut Blaise Cendrars*
379.	EDWARD CAREY	*L'Observatoire*
378.	WILLIAM SAROYAN	*Une comédie humaine*
377.	THEODOR KRÖGER	*Le Village oublié*
376.	DOROTHY SCARBOROUGH	*Le Vent*
375.	HANS HABE	*La Tarnowska*
374.	W. WILKIE COLLINS	*Une belle canaille*
373.	IGNACIO DEL VALLE	*Empereurs des ténèbres*

372.	MARCELLE SAUVAGEOT	*Laissez-moi*
371.	LAWRENCE DURRELL	*Citrons acides*
370.	DAVID DONACHIE	*Une chance du diable*
369.	R. L. STEVENSON	*Le Trafiquant d'épaves*
368.	GILES MILTON	*La Guerre de la noix muscade*
367.	RON HANSEN	*La Nièce d'Hitler*
366.	HERMAN BANG	*Les Quatre Diables*
365.	PETER BALAKIAN	*Le Tigre en flammes*
364.	ROGER DE BEAUVOIR	*Les Mystères de l'île Saint-Louis*
363.	ALBERT T'SERSTEVENS	*Les Corsaires du roi*
362.	MARCELO FIGUERAS	*La Griffe du passé*
361.	RODERICK CONWAY MORRIS	*Djem*
360.	ALEXANDER KENT	*Honneur aux braves*
359.	CARLOS BAUVERD	*Post Mortem*
358.	W. WILKIE COLLINS	*Mari et Femme*
357.	JACK LONDON	*La Fille de la nuit – Courage à la hollandaise*
356.	FRANÇOISE CLOAREC	*Séraphine*
355.	ROLAND TOPOR	*Le Locataire chimérique*
354.	MARGARET DRABBLE	*La Sorcière d'Exmoor*
353.	EMMANUEL DARLEY	*Un des malheurs*
352.	RAFAEL SABATINI	*Le Faucon des mers*
351.	ROY PARVIN	*La Petite-Fille de Menno*
350.	MORIS FARHI	*Jeunes Turcs*
349.	DAVID STOREY	*Ma vie sportive*
348.	SLAVOMIR RAWICZ	*À marche forcée*
347.	ROLAND PIDOUX	*Les Clochards d'Asmodée*
346.	ALEXANDER KENT	*Victoire oblige*

345. SERGIO ATZENI *Le Fils de Bakounine*

344. ILIJA TROJANOW *Le Collectionneur de mondes*

343. JOSEF MARTIN BAUER *Aussi loin que mes pas me portent*

342. WILLIAM DALRYMPLE *Dans l'ombre de Byzance. Sur les traces des chrétiens d'Orient*

341. DAVID MADSEN *Le Nain de l'ombre*

340. CLAUDE FARRÈRE *Thomas l'Agnelet*

339. GEORGES BERNANOS *Un crime*

338. MIKLÓS BÁNFFY *Que le vent vous emporte. Chronique transylvaine*, t. 3

337. KENNETH GRAHAME *Le Vent dans les saules*

336. CARLO GÉBLER *Comment tuer un homme*

335. KLAUS MANN *Speed*

334. ANA MARÍA MATUTE *La Tour de guet*

333. MÉLANI LE BRIS *La Cuisine des flibustiers*

332. JANE DIEULAFOY *L'Orient sous le voile. De Chiraz à Bagdad, 1881-1882*

331. J. SHERIDAN LE FANU *Les Mystères de Morley Court*

330. DOROTHY PARKER *Hymnes à la haine*

329. ALEXANDER KENT *Cap sur la Baltique*

328. MIKLÓS BÁNFFY *Vous étiez trop légers. Chronique transylvaine*, t. 2

327. PIERRE LOTI *Fantôme d'Orient et autres textes sur la Turquie*

326. JACK LONDON *Face de Lune*

325. VICTOR BARRUCAND *Avec le feu*

324. IVY COMPTON-BURNETT *Une famille et une fortune*

323. ALEXANDRE DUMAS *Le Chevalier d'Harmental*

322. W. WILKIE COLLINS *Secret absolu*

321.	ERNEST SHACKLETON	*Au cœur de l'Antarctique*
320.	ROSAMOND LEHMANN	*Le Jour enseveli*
319.	JANE DIEULAFOY	*Une amazone en Orient*
318.	JACK LONDON	*La Croisière du « Dazzler »*
317.	R. L. STEVENSON	*Dr Jekyll et Mr Hyde*
316.	CECIL SCOTT FORESTER	*Lieutenant de marine. Capitaine Hornblower*, t. 2
315.	CECIL SCOTT FORESTER	*Aspirant de marine. Capitaine Hornblower*, t. 1
314.	BERYL MARKHAM	*Vers l'Ouest avec la nuit*
313.	ARNOLD HENRY SAVAGE LANDOR	*La Route de Lhassa. À travers le Tibet interdit, 1897-1898*
312.	SYLVAIN TESSON	*Vérification de la porte opposée*
311.	LOUIS BROMFIELD	*Mrs Parkington*
310.	JOSEPH O'CONNOR	*Les Bons Chrétiens*
309.	JACK LONDON	*Les Tortues de Tasmanie*
308.	TOM REISS	*L'Orientaliste. Une vie étrange et dangereuse*
307.	ADOLPHUS WASHINGTON GREELY	*Les Naufragés du pôle. Trois années d'errance dans l'enfer blanc, 1881-1884*
306.	MIKLÓS BÁNFFY	*Vos jours sont comptés. Chronique transylvaine*, t. 1
305.	ALEXANDER KENT	*Combat rapproché*
304.	GUY BOOTHBY	*Docteur Nikola*
303.	ROGER VAILLAND	*Drôle de jeu*

Cet ouvrage
a été achevé d'imprimer
en avril 2013
dans les ateliers de Normandie Roto Impression s.a.s.
61250 Lonrai
N° d'imprimeur : 13-1555

Imprimé en France

Dépôt légal : mai 2013